母苦儿未见,
儿劳母不安。

小园几许，收尽春光。

草长莺飞二月天,拂堤杨柳醉春烟。

千峰环野立，
一水抱城流。

江南可采莲,莲叶何田田,鱼戏莲叶间。

一二三四五六七,
万木生芽是今日。

一蓑一笠一扁舟，一丈丝纶一寸钩。

# 叶圣陶讲给孩子的写作课

叶圣陶 著

⑧ 应用篇

开明出版社

·北京·

图书在版编目（CIP）数据

叶圣陶讲给孩子的写作课. 应用篇 / 叶圣陶著. 北京：开明出版社，2025. 7. -- ISBN 978-7-5131-9633-8

Ⅰ. G634.343

中国国家版本馆 CIP 数据核字第 2025UB7107 号

责任编辑：卓　玥

YESHENGTAO JIANGGEI HAIZI DE XIEZUOKE
叶圣陶讲给孩子的写作课

| 作　　者 | 叶圣陶　著 |
| --- | --- |
| 出　　版 | 开明出版社 |
|  | （北京市海淀区西三环北路25号 邮编100089） |
| 印　　刷 | 三河市兴达印务有限公司 |
| 开　　本 | 880mm×1230mm 1/32 |
| 成品尺寸 | 145mm×210mm |
| 印　　张 | 44.5 |
| 字　　数 | 718千字 |
| 版　　次 | 2025年7月第1版 |
| 印　　次 | 2025年7月第1次印刷 |
| 定　　价 | 198.00元（全八册） |

印刷、装订质量问题，出版社负责调换。联系电话：（010）88817647

# 目 录

**叶圣陶精讲**

002　书信

006　日记

008　俞庆棠的《一封公开信》

**叶圣陶佳作展示**

**第一部分　书信**

017　致颉刚：1912年9月17日夜

019　致中华书局编辑所：1930年3月24日

020　致夏丏尊：1938年7月22日上午

022　致朱东润：1944年4月1日

024　致沈雁冰：1945年7月7日

　　　　　　　1980年5月23日

　　　　　　　1980年7月18日

| | | |
|---|---|---|
| 028 | 致许广平： | 1947年7月18日 |
| 030 | 致赵景深： | 1950年3月15日 |
| 032 | 致郭小川： | 1962年8月29日 |
| 034 | 致宁晓杰： | 1964年3月22日 |
| 035 | 致北京出版社： | 1964年3月23日 |
| 036 | 致胡绳： | 1972年11月26日 |
| 038 | 致贾祖璋： | 1974年5月16日 |
| 040 | 致孙功炎： | 1975年9月21日 |
| 041 | 致王湜华： | 1976年3月26日 |
| 043 | 致陈竹隐： | 1976年10月3日 |
| | | 1976年12月21日 |
| 045 | 致陈伯吹： | 1977年9月13日 |
| 046 | 致张香还： | 1977年11月3日 |
| 048 | 致巴金： | 1978年4月2日 |
| | | 1983年1月6日 |
| 050 | 致吕叔湘： | 1979年12月15日 |
| 051 | 致新华社： | 1980年5月9日 |
| | | 1980年5月15日 |

053　致中华书局：1981年2月9日
054　致谢冰心：1982年12月29日
　　　　　　　　1984年11月1日
056　致陈从周：1983年4月1日
058　致郭绍虞：1984年6月20日
059　至善：1969年5月21日
　　　　　　1970年4月27日
　　　　　　1971年4月1日
　　　　　　1972年4月18日
072　至善、至诚：1971年2月20日
074　至善、满子：1971年3月4日

## 第二部分　日记

077　1939年
086　1940年
090　1941年
097　1942年
105　1943年

107　1944年

108　1945年

111　1946年

120　1947年

125　1948年

131　1949年

135　1950年

136　1951年

139　1952年

140　1953年

142　1954年

144　1961年

148　1976年

151　1982年

叶圣陶精讲

# 书　信

**书信的体式**

　　应用文中最普通的是书信，别种应用文也许有人可以不写，至于书信，几乎任何人非写不可。有人说，"现代的厨子，书信来往比古代的大臣要多。"在现代生活中，我们差不多每天要写书信，书信的繁忙是现代生活的特征之一。

　　书信的目的在接洽事务，写书信给别人，情形和登门访问面谈要事一样。因此，登门访问时的谈话态度，就可适用于书信。

　　书信的构造通常可分为三部分：第一部分叫做"前文"，内容是寻常的招呼和寒暄；第二部分是事务，这是书信的最主要的部分；第三部分仍是寒暄和招呼，叫做"后文"。

　　这三部分的组织是很自然的。我们写书信给别人，目的原为接洽事务，但是不能开端就突然提出事务，事务接洽完毕以后，也不能突然截止，不再讲些别的话。

这只要看访问时的谈话情形就可以明白。假如我们想向朋友借书，到他家里去找他谈话，见到的时候，决不能突然说"把×书借给我"；如果是彼此好久不曾看见了，自然会说："××兄，久不见了，你好！"如果是昨天才见过的，就会说"××兄，听说你已入××大学了，功课忙吗？"这些话就相当于前文。以后才谈到借书的事情上去。那位朋友答应借书了，我们也不会拿了书就走，总得说几句话。"今天来吵你，对不起""这本书我借去，过几天亲自来奉还""那么我把书拿去了，再会"，这就是"后文"了。

前文与后文的繁简，因对手的亲疏而不同。从前的书信，往往有前文、后文很郑重累赘的，看了一张八行信笺还不知信中的要事是什么的；近来却流行简单的了。但无论如何简单，一封书信中，三部分的组织是仍旧存在的。

**书信和礼仪**

凡是文章，都假想有读者的，写作的态度和方法因读者的不同而变换。说话也是这样，同是一场演说，对中学生讲和对社会大众讲，内容尽可不变，可是用辞的深浅、引例的难易以及口吻、神情等等都该不一样才对。

书信的读者是限定的特殊的个人，作者自己和这个人的关系，写作的时候须加以注意。写给老朋友的信和写给未曾见面的陌生人的信应该不同，写给长辈的信和写给平辈或下辈的信也应该不同。言语上的一切交际礼仪，在书信中差不多完全适用。

从一方面说，书信比言语更要注意礼仪。因为我们当面对人说话的时候，除了声音以外，还有举动、神情、态度等等帮助。学生拿了书本对先生说，"给我解答一个问题！"这明明是命令口气，但那学生如果是鞠着躬用着请求的态度说的，先生听了决不会动气。在书信里就不然了，书信是用文字写成的，除了文字以外没有举动、神情、态度等等帮助，一不小心就失了礼仪，使读者不快。所以"给我解答这个问题"这一句话，在书信里非改作"请给我解答这个问题"不可。历来书信多用敬语，原因就在这上面。

书信里的称呼向来是很复杂的。称对手的有"仁兄大人""阁下""足下""执事""台端""左右"等等，自称的有"愚弟""鄙人""不佞"等等。现在改得简单了，除彼此有特殊称呼的（如母舅和外甥、表兄和表弟、叔叔伯伯和侄等）以外，一般的尊称是

"先生"，知友称"兄"，自称是"鄙人"或"弟"。"我"字向来是不常用的，现在不妨用了。"你"字有"你""您"两个，称同辈以上该用"您"，称同辈以下不妨用"你"。

书信通常用请安问好作结，署名下常用"顿首""敬启""拜启""敬上"等字样。这种敬语，在最初也许是表示真实的情意的，流传下来，成了习惯，就是一种礼仪的虚伪了。在可能的范围内，这等地方应该力求简单合理。

书信在文章以外，还有许多事项应该注意，如书写的行款、信笺的折法、信封的写法以及邮票的粘贴方位等等都是。这些事项大概可以依从一般的习惯，而且与文章本身无关，所以这里不多说了。

选自叶圣陶《国文百八课》

# 日　记

　　日记是把每天自己的见闻、行事或感想等来写述的东西，性质属于叙述文。凡是文章，都预想有读者；日记是不预备给他人看的（名人所写的日记后来虽被人印出来给大家阅读，但这并非作者当时的本意）。所谓读者就是作者自己。因为除自己外没有读者，所以写述非常自由，用不着顾忌什么，于是日记就成为赤裸裸的自传。

　　日记写作的目的，第一是备查检。某人关于某件事曾于某日来信，自己曾于某日怎样答复他，某日曾下过大雨，某一件东西从何处购得，价若干，钱是从哪里来的，诸如此类的事，只要写上日记，一查便可明白。第二是助修养。我们读历史，可以得到鉴戒。日记是自己的历史，赤裸裸地记着自己的行事，随时检阅，当然可以发觉自己的缺点所在。

　　日记除了上面所讲的两种功用以外，还可以做练习写作的基础。多作原是学习写作的条件之一，日记是每天写的，最适合于这个条件。又，日记除自己以外不预想有读者，写作非常自由；所写的又都是本身的经验，容易写得正确明了。所以一般人都认记日记是学习写作的切实的手段。

日记的材料是个人每天的见闻、行事或感想。我们日常的生活，普通平板单调的居多，如果一一照样写记，不特不胜其烦，也毫无趣味。日记是叙述文，该用叙述文的选材方法，并且要简洁地写。我们写日记，大概只在临睡前或次日清晨的几分钟，时间有限，写作的方法自不得不力求简洁；把认为值得记入的几件事扼要写记，把平板的例定的事件一律舍去。否则不但会把该记的要事反而漏掉，还会叫你不能保持每天记日记的好习惯。

日记有许多种类。商人的商用日记，医生的诊断日记，主妇的家政日记，和普通的所谓日记目标大异；前者实用分子较重，近乎应用文，后者实用分子较轻，近乎普通文。普通的日记包括事务、感想、趣味等复杂的成分。因了作者的种类，所轻所重又有不同；学生的日记中事务分子较少，文人的日记中趣味分子较多，就是一个例子。

## 俞庆棠的《一封公开信》

……二十六早上八时，我恰巧在车站左近。连日报上记载你们的行动，已有相当的刺激，一听到你们到无锡站了，我立刻兴奋起来。车站的附近已经戒严了，只看见三三两两的同学下车买报。我遇到一位无锡的复旦同学。我们的问答：

问："你们从上海到无锡，已走了三天三夜，大概很辛苦了吧？"

答："我们吃的苦，不一定是你们能想象的，我们还要前进！"

问："你们三天当中吃的粮食够不够呢？"

答："我们昨天每人吃了三个极小的小面包，早上、中午和晚上各一个。"

问："你府上是无锡吗？下来干什么呢？"

答："因为我是无锡人，熟一点，所以同学们托我买些明信片等零星东西。"

我看见路旁一位女士询问学生："你们饮水也很成

问题了吗?"学生说:"当然。"她就拿出五元的一张钞票交给几个学生,请学生买些水果分给同学。几个同学都双手摈谢说:"你要买东西请你自己去买了送来,我们不能受你的钱。"这位女士说:"我有事,我来不及了,拜托你们代买吧。"学生询问她姓氏,坚不肯说。再三的问,仅云:"我是参加'五四'运动的一分子。"她就跑开了。诸位同学,这件小小的事,我有两点感想:一、你们的同学何等清高廉洁!廉洁当然是我们应有的人格。因为我们常常看见榨取大众的人们榨取到"石子里打不出油"的时候,还是"杀人不觉血腥气"的榨取,真像欲壑难填的饕餮。对你们清高的同学,哪得不肃然起敬呢!二、现在衮衮诸公中很多人都参加过"五四"运动、"三一八"运动、"五卅"惨案的,希望他们赶快站起来和现在的学生携手,一致参加救国运动。

这天上午十时左右就有很多人来慰劳你们。我和几个朋友又第二次上车站来看你们。因为我们的请求,你们的同学某君向我报告这三天的经过。诸位亲爱的同学,你们冲过了闸北铁丝网,你们经过了不断的挣扎,不断的努力,到底登了车。你们开到了青阳港,因受骗而车子停了。你们的司机者也飞跑了。你们好容易在旁的火车头上寻到了一个司机者,火车再向前进行,一方面忍心害理的人妨碍交通，把你们的火车轨道拆毁，一方面有你们思想机警行动敏捷的同学，自己摇了手掀车压道，所以火车没有出轨。你们四处找寻拆断的轨道寻不到。不得已四野寻了几个工人，再加上和同学自己的劳力，共同把车子后面的轨道拆补前面的轨道。好容易车子又前进。你们的司机者哭起来了，他说："你们倘要我开车向前，我非被枪毙不可，我还有我的家呢。"你们因一念之仁，竟会放他走的，诸位同学，你们自己不怕牺牲，为什么不忍人家的牺牲呢？你们自己顾不到家长的担忧，为什么怜惜到司机者的家属呢？你们的精神太伟大了。你们放走司机者竟自己来开车。然而你们的车子走不到多时，前面又有很长的轨道被拆毁了。你们在黑夜里四处的找，哪里有一点影子！漫天漫地的大雪也露着惨白的愁容。"有志者事竟成"，你们忽而发现一段轨道露在小河的面上。你们十几位同学，在这冰天雪地之中，向着小河一跃而下，把几段铁轨都扛了起来。谁说都市的青年只会享乐不能劳作？遇着救国的运动，你们的力气自然放出来了！你们有了轨道没有螺丝钉，你们赤了脚在冰一般冷的水泥沟里去寻螺丝钉，寻着一个是一个。你们大家出力的结果，毕竟把很长的轨道修好了。那班拆毁轨道抛掉螺丝钉的苦力们，对你们真应该受良心的责备,然而他们也不过"服从命令"而已。我们看见车上有几个年龄很小的同学,就问你们:"年幼的同学旅行不太辛苦了吗?"你们的代表说:"我们有职务的人和年长的同学,虽然座位不够,半夜里我们情愿站着,让年幼的同学可以躺一会。至于每天吃三个面包,我们先发给年幼的同学和一般同学;东西不够分配时,我们有职务的人就少叫一些。"诸位同学,你们这样大公无私、先人后己的精神,怎能不引起大众的同情和钦敬!

一九三五年十二月二十三日,上海学生为响应北平的学生救亡运动,准备乘京沪火车到南京去请愿。他们遇到种种的障碍,绝不退缩,只是艰苦地奋斗,直到二十六日才到达无锡。但是终于在宪兵的"护送"之下,火车向东开,回到了上海。南京是没有去成功。俞女士这封信的题目叫做《写给上海学生请愿团的一封公开信》,登在《大众生活》第九期里,全文很长,通体记叙她在无锡眼见耳闻的关于这事件的种种情形,加上她当时发生的种种感想,末了她表示她对学生有三点希望:一、力求救国更有效的方法,二、组织严密,三、为大众谋利益,为民族求解放。《新少年》篇幅有限,不能把全信刊载出来，只能摘录两节同读者谈谈。读者如果要看全文，可以去找《大众生活》。

信是写给请愿学生的，请愿学生对于自己干过的事情岂有不知道的道理，为什么要把这些事记叙在里头呢？回答是这样：第一，作者要告诉学生的是她的感想，但是单写感想，就让人觉得突兀，没有根据，所以非把引起感想的逐件逐件的事记叙明白不可——发挥感想是主，记叙事件是宾。第二，这回准备到南京去的学生有几千人，有许多事件只有少数人知道，多数人未必知道（譬如一位女士捐五块钱给几个同学，几个同学拒绝受钱，这一件事，几千人就未必个个知道），现在记叙在这封公开信里，就能让大家都知道了。第三，公开信的读者，除了受信人请愿学生以外，还有非请愿学生的全国大众，把眼见耳闻的种种情形记叙在信里头，就是对全国大众尽了报告的责任。

写这样的一封信，可以有几种不同的态度。激昂慷慨，感情激发，甚而至于谩骂：这是一种态度。叙事说理，完全理智，像法官下判词那样严谨：这是一种态度。并不遏抑感情，但是也不让感情过分放纵，对于该受责备的人给他责备，但责备里头含有宽恕的心情和深切的期望：这又是一种态度。读者试看作者写这一封信取的是哪一种态度？想来谁都可以看得出，她取的是最后一种态度。咱们不能说最后一种态度是正当，其他两种态度都不行。因为动笔写文章，同开口说话一样，得看作者当时的心情和那事件的关系，要骂的时候自然不妨骂，该严谨的时候也不必故意做得不严谨，这都是所谓"求诚"，是写作者的基本品德。可是取了最后一种态度写出来的文章，它的力量比较深厚，教人家看了之后还要去细辨那没有说尽的意思，因而受它感动。这情形好比用"文火"炖，里面同外面一样地酥软，不像用"烈火"炒的东西那样，外熟里不熟。咱们读了这一封信就有这么一种感觉：只觉得作者怀着一颗热烈的心，那心的跳动决不比请愿学生弱一分一毫，但是她却把它按捺住了，只用一些平淡的语言表达出来；语言越平淡，越是耐人寻味，于是使我们受到了深切的感动。

这里摘录的两节，一节记叙一位女士捐赠五块钱，一节记叙请愿学生修路开车，如果要加上夸张的形容，是有许多话可以说的。可是作者并不加上夸张的形容，单只按照事实写下来，因为事实本身就是顶动人的资料，再加上形容反而见得多馀了。我们读到"学生询问她姓氏，坚不肯说。再三的问，仅云：'我是参加"五四"运动的一分子。'她就跑开了。"以及"你们有了轨道没有螺丝钉，你们赤了脚在冰一般冷的水泥沟里去寻螺丝钉，寻着一个是一个。你们大家出力的结果，毕竟把很长的轨道修好了。"谁能不引起深长的感想？再看作者抒发她的感想的部分。在前一节的"二"项里，她说"现在衮衮诸公中有很多人都参加过'五四'运动、'三一八'运动、'五卅'惨案的，希望他们赶快站起来，和现在的学生携手，一致参加救国运动。"希望他们站起来，可见他们还没有站起来。还没有站起来而不加责备，只希望他们赶快站起来，这就是宽恕。所谓"他们"看见了，大概会感到惭愧，因而想站起来振作一下的。在后一节里，"那班拆毁轨道抛掉螺丝钉的苦力们对你们真应该受良心的责备，然而他们也不过'服从命令'而已。"这又是宽恕。作者哪里真要责备那班苦力呢？不想责备苦力而终于责备了苦力，责备之后又为他们开脱，说他们也不过"服从命令"而已：这使真该受责备而并没受到责备的人看了之后，将要羞愧万分，无地自容。她的所以如此，无非因为对于所谓"他们"和那些真该受责备的人怀着深切的期望：她要他们从感愧转到奋发，不再作救国运动的障碍，而和现在的学生携手，一致努力于争取民族解放的工作。

1936年2月25日发表<br>
原题《俞庆棠的〈写给上海学生请愿团的一封公开信〉》

叶圣陶佳作展示

# 第一部分 书信

## 致颉刚[1]

### 1912年9月17日夜

颉刚鉴：

　　盼书数日，今晚乃得之，亟剖以读，复多不如意事，无味哉。秋衫不翼而飞，客况奚堪，然乃至心绪烦躁，则爱物心无乃太重乎？又何苦哉！

　　昨晚偕岷原、子明复饮前日酒家，秋风萧瑟，景物已是大异，凤仙老去，桐树渐凋。中秋返吴，当酌于瓜棚之下，特不知是间景物复将呈若何状态也。《放社之雏》，钧亦不赞同，诚如应千所云：恐信用堕落，欲再印完善之月报，势难着手也。然四百元之巨款，断难立时到手，无已其仍勉力于招股之一途乎。京中两蒋皆有信来，宾若从未见过，故两元还未到手。心存书中则寄来《燕子矶游记》一首，嘱登第一期丛刊中。馀云待手头富裕，即当认股，是又不可作数者。钧惭愧无干事才，承命办招股一事，仿佛村头大曲叔做了县官，直是

---

[1] 颉刚：即顾颉刚，为叶圣陶先生好友。中国现代著名历史学家、民俗学家，古史辨学派创始人，现代历史地理学和民俗学的开拓者、奠基人。

手足无所措,盖讲价讲时日等事,钧不会也。好在足下即日来此,届时同谋进行,或可有所成功耳。

前函中钧托足下往社会党索者,乃即足下处所有《无治主义丛书》一种,其名是否为《新世界》,盖忘之矣。社会党中究有此否?何以来书绝未言及也?《文艺俱乐部》已托玛瑙去寄,然久而未来,足下能带以俱归否?

叶楚伧①殊无回书,近于报端知伊将有北行,匆促之际,宜其如是。然伊一去,更难希几矣。奈何?怀兰处转来书,早收到。

再,足下存钧处报三份,一月将满,送报人云须于阴历十四日取报费。此人鹑衣百结,憔悴现于面,大可怜也,足下其必允所请乎?旅沪诸人,中秋归者有几?愈多,斯愈乐耳。即询

安好。

叶绍钧②顿首

十七夜

---

① 叶楚伧(cāng):原名宗源,号卓书,字楚伧,江苏吴江人。著名的南社诗人、国民党官僚、政治活动家。
② 叶绍钧:即叶圣陶,圣陶是其笔名。

## 致中华书局编辑所
### 1930年3月24日

中华书局编辑所惠鉴：

近读郭频伽[①]词，所持为贵局《四部备要》本，发现误字数个，特书告，以便改正。

《浮眉楼词》卷一第九页下半页第二行第十一字"约"误"纳"，卷二第十页第一行第二十字"敂"误"劬"。

《忏馀绮语》卷一第四页下半页第四字"约"误"纳"，第七页下半页第六行第七字"陇"误"龙"。

馀不白。即请

大安。

叶圣陶启

三月廿四日

---

[①] 郭频伽：郭麐（lín），字祥伯，号频伽，晚号复翁，江苏吴江人，中国清代词人。

## 致夏丏尊[1]

1938年7月22日上午

丏翁：

近来续作"百八课"乎？如第五、六册之文话题已定好，乞即惠下，趁此静居时候可以把它作完，了却一事。

朱怙生[2]先生住在沙坪坝，见了一面，尚未重逢。他似乎想谋学校的事做，到教育部去登记了。但重庆学校俱川人势力，至难插足。搬来的下江学校，非有大力或派系关系，亦不易投入也。

近见报载，南京组织中陈群为教长，正在编新课本、编辑员中有相识者。弟倒想看看他们编的课本，说的一套什么话。

昨天观《日出》，在松鹤楼吃酒（此间也有松鹤楼，几个从苏州逃来的伙计开的），遇程祥荣与夏承

---

[1] 夏丏尊：叶圣陶先生好友兼儿女亲家，文学家、语文学家、出版家和翻译家。
[2] 朱怙（hù）生：原名慰堂，自号越叟。其书法造诣颇深，为杭州西泠印社早期社员。

法。夏为来渝后初次见面，与程同在军校任教。兴致很好，亦全家在此。

前天因勖（xù）成宴客，初见顾荫亭，此君似不甚懂得教育。又，顾一樵为教部次长，到处演说，俱传述陈立夫部长那一套，用几个德目调来搭去，说些似真理又似游戏的话。大家说今后教育必须彻底改造，看见了他们，殊觉希望无多也。

弟钧上
七月廿二日上午十时书毕

## 致朱东润[1]

1944年4月1日

东润吾兄尊鉴：

接上月廿五日教，欣悉令爱内来。自苏抵川，至快亦须月馀，计本月中下旬当可到达。由陕入川，有一路自绵阳折往重庆。若不取此道，必经成都。弟当为之妥筹食宿，购取车票（迩来购票极不易，以车被征用，每日止开一辆也）。

"张传"屡经催促，尚排至百馀面，工作"牛步化"，无可奈何。序文收入《国文月刊》，已与余冠英[2]君接头。重庆排版，迄无成议。今日桂林方面正在开会，讨论全店各项业务之推进，各地负责人皆到会（弟惮于行旅，只得缺席），恐于排印运输，仍无具体办法，此等事固皆权非我操也。"批评史"之赠送本，不识寄达否？念重庆较成都为近，或可先到。"张传"

---

[1] 朱东润：叶圣陶先生的同事、好友。当代著名传记文学家、文艺批评家、文学史家、教育家和书法家。
[2] 余冠英：中国古典文学专家，毕业于清华大学，后在清华大学、西南联大等校任教。

排毕，即排《读诗四论》，已关照桂林同人。

成都盟军源源而来，闻总数将为二三万人。物价高涨，或将追及昆明。弟家每人吃饭，月费千三四百元，尚是节约之至之调度。薪津虽加，总成不敷，弟亦不甚以为意，不致开口闭口愁生活如何过。书业亦决非生意经，近日《大公报》一社论言之甚澈，将来必有弄僵之一日，视处理之得法与否，决弄僵之迟早耳。

春令天气转变，大家不舒，虽不谓病，亦复恼人。此覆。
敬颂
著祺。

弟钧顿首
四月一日下午三时

## 致沈雁冰①

1945年7月7日

雁冰兄：

上月三十日手书，昨夕拜读。

弟上月到渝，以急欲归来校读杂志稿，不及候至二十四日过后再走，深觉歉仄②。祝寿之事，弟近觉亦有意义，其意义不在于个人而在于社会。二十四日之会，其给与相识不相识之友朋之振奋，实未可计量也。

移家往渝，虽有此想，而惮于行动，复惧渝市之烦嚣，未必遽成事实。然若房子租定，事在必行，即亦结束启行。果能再作比邻，则其乐足以抵一切居渝之不便而有馀矣。

兄谈话之末尾数语，深切之至，弟抱有同感。弟今思维，关于个人方面，实已无所希冀。其所以执着者，唯欲见民生康乐，庶业繁盛之一日耳。他日共届六十七十之年，斯愿获偿，老友共叙，则其为欢将无可

---

① 沈雁冰：叶圣陶先生好友，笔名茅盾。中国现代作家、小说家、文学评论家、文化活动家、社会活动家。
② 歉仄：遗憾；抱歉。

言喻。

　　致劼人①白尘书即转去。谢启交白尘登《华西晚报》。联络社之缘起及简则读毕,以群兄主持其事,经验赡富,自可开展。馀不多陈,即请

俪安。

弟钧顿首<br>七月七日上午

---

① 劼（jié）人：即李劼人,原名李家祥,中国现代具有世界影响的文学大师之一,重要的法国文学翻译家,知名社会活动家、实业家。

1980年5月23日

雁冰兄尊鉴：

　　承贶①短篇小说集，感极。此中诸篇，曩②时未见者多，虽目力益差，凭眼镜放大镜不甚济事，犹将勉力徐徐诵之。

　　知住院疗养，时时相念，恐多烦扰，未敢趋候。祝早臻康适。"史料"回忆之文，至善及小孙览而语我，深羡吾兄记忆之强，数十年前事，纤屑③无遗。所叙皆至关重要，益深钦慕。敬请
痊安。

弟圣陶上
五月廿三日

---

① 贶（kuàng）：赠给；赐予。
② 曩（nǎng）：从前，过去的。
③ 纤屑（xiān xiè）：细微、琐屑。

## 1980年7月18日

雁冰兄尊鉴：

承贶《蚀》重印本，感谢。以前所存之本，久已借出而不归。今此签名本不复借出，以为永宝。

于纪念瞿秋白①之会望见兄致辞后退出，未及握候。近想佳健，颐养多欣。

近时弟作书，左手持放大镜，逐字检查，庶免脱误。此况可笑，附以奉告。敬候

大安。

弟圣陶上<br>七月十八日

---

① 瞿秋白：中国共产党早期主要领导人之一，无产阶级革命家、理论家、文学家和宣传家，中国革命文学事业的重要奠基者之一。

## 致许广平①

1947年7月18日

广平先生：

　　周先生②著作被上海春明出版社以《鲁迅文选》一书盗印贩卖，由本会委托法律顾问代表向之交涉，结果由该书店交出纸型，并赔偿国币壹佰万元，同时立下字据，保证以后不再有盗印情事，赔款除拟付法律顾问手续费百分之二十即廿万元外（如律师不收，当即补送），其馀八十万元，兹为送上。祈即查收，并赐一收据。另外尚有三四书店盗印文协会友著作达六十馀种之多（其中有周先生五六种），现已由本会代表协同法律

---

① 许广平：字濒园，笔名景宋，鲁迅夫人。1949年后历任政务院副秘书长、全国人大常委、全国政协常委、全国妇联副主席、中国民主促进会副主席、全国文联主席团委员等职务。
② 周先生：即鲁迅，原名周树人。著名文学家、思想家、革命家、教育家、民主战士，新文化运动的重要参与者，中国现代文学的奠基人之一。

顾问交涉中，倘有结果，当即详告。专此。即颂

文祺。

      文协总会总务部主任叶圣陶
        理事会秘书梅林
        卅六年七月十八日

外附国币八十万元正。

## 致赵景深①

1950年3月15日

景深吾兄大鉴：

　　接本月六日大札，敬悉一一。关于《新知识辞典》，已由署中函复小峰先生，兄必将寓目，不复赘陈。此事所以如此处理，意固在恐其贻误读者。辞典之用，在释疑解惑，视一般书籍尤关重要，翻检而得谬解，流弊滋深。况其订正在解放之后，而谬误依然，混淆听闻，更为可虞。此间尝加研究，摘录其未妥之条目，据主其事者谓举例而已，未能悉备。今以研究报告一份附呈，至希察览。弟等以为与其零星补缀，招草率从事之讥，不如重行编撰，收认真出版之实。苟逐条加以审订，合正续编而为一书，果能确切精当，读者明识，必将誉之不遑，争相购置。如是则北新之名噪，而实利亦复不菲。唯其为数十年之老友，故敢以忠恳之言奉闻，倘荷采纳，岂唯私幸而已乎。

---

① 赵景深：叶圣陶先生好友。中国戏曲研究家、文学史家、教育家、作家。

《新知识辞典》自经《人民日报》发表读者批评后，各方均极注意，北新能毁版重排，又使全国读者了解北新对于出版工作认真不苟，足为出版界之表率。谁不欲善，知兄必将首肯矣。敬此上复，顺颂
著安

弟胡愈之[1]、叶圣陶<br>一九五零年三月十五日

---

[1] 胡愈之：著名的社会活动家。一生集记者、编辑、作家、翻译家、出版家于一身，学识渊博，是新闻出版界少有的"全才"。

## 致郭小川[1]

1962年8月29日

小川同志惠鉴：

久未晤面，唯身心康泰，著作益富为颂。

昨接作协送来吉林曹坚白之文稿一包，系寄足下与我二人者。我读其长信，知此君为久病之人，长年偃卧炕上，以一年有馀之时间成此《中国诗歌》一稿，毅力良可倾佩。其意至殷切，一欲我二人为之校阅，补其缺失，润其文辞，二则托我二人为谋出版。我迩来精神不甚佳，杂事又稍多，彼虽并托我二人，可否请足下鉴我之情，偏任其劳。足下如有暇审读，自属至佳，否则似可送往作家出版社，请考虑此稿是否有出版价值，如不宜出版，亦请提出若干意见，然后璧返其稿。久病之人，寄出此稿，切盼覆书，其情可以想见。是否宜先与答书，以慰其望。足下如以为然，即希命笔覆之。

时有不相识之人寄来文稿，嘱为过目。其有志于文事，期所作益进于精纯，宏愿深情，至可感动。而我识

---

[1] 郭小川：原名郭恩大，中国近代著名诗人。

见短浅，精力不济，往往未能副其所望，良为愧疚。今于此曹君，又深感之矣。足下能鉴我之心，俾曹君如愿以偿，非第曹君欣慰，我亦乐承嘉惠焉。即颂

著祺。

叶圣陶

八月二十九日上午

## 致宁晓杰

1964年3月22日

晓杰同学：

今天接到来信，我非常感激你们，对你们的细心看书非常欣慰，对我的疏忽非常惭愧。

我这篇文章登在刊物上，后来又由辑辑者收在课本里，五六年间没发现这个错误，直到今天才知道我写错了。你和同学说的完全对，吃晚饭时候林将军听见沙堆背后的人讲的决非长征故事，而是九年前攻击十三陵一带那时候的故事。当时我怎么会想错的，现在也弄不明白，总之我说了不正确的话，叫人家受累搞胡涂，是很不应该的。现在我准备通知采用我这篇文章的出版社，说你们指出了我的错误，我请求为我更正。更正的办法是把"长征故事"改为"九年以前在这一带作战时候的故事"。你们看好不好？

谢谢你们。祝你们进步。

叶圣陶
三月二十二日

## 致北京出版社
### 1964年3月23日

北京出版社编辑同志惠鉴：

　　昨日接到北大附中一位学生来信，指出我的《〈普通劳动者〉是一篇很好的小说》一文之第五小节中有一处明显的错误。按王愿坚同志的小说，沙堆背后的人讲的并不是"长征故事"。几年来我自己不曾觉察，也没有人给我指出，我非常感激那位投书的学生。他与同学能细心阅读，又能助人改正错误，深可欣慰，而我下笔粗疏，贻误读者，实感惶愧。今特致书贵社，高中语文课本以后如仍采用我这一篇，望将第五小节中"长征故事"四字改为"九年以前在这一带作战时候的故事"十五字。北京市其他课本或亦有采用我这一篇的，也请照此改正。专此，即致
敬礼。

叶圣陶

三月二十三日上午

## 致胡绳[1]

1972年11月26日

胡绳同志：

不相见大概将近十年，时时怀想，而莫问芳踪。最近全衡惠访，倾谈一小时许，大释下怀，甚欣甚慰。留下近作诗稿，我固乐于展读。诗中颇见近年之襟抱与造诣，志唯精进，绝不颓唐，疾恶如仇，口诛从严。我以为诚宜若是，不胜佩羡。何日大驾返来，甚希晤面长谈，并可对饮数杯。

我在寓中闲居，六年来唯以阅览为遣。阅览分三方面。一为我国历代之笔记，书借自老友王伯祥处。一为翻译小说，书借自茅公处。又一为重温幼年读而未通之英文，取"毛选"英译本分类抄读之。记忆力大差，书看过即忘。英语生字，一字而翻过十几回者颇有之。

六七年秋间曾患心肌梗塞，卧病医院者七星期。此后病未重发，今年四月杪[2]检查身体，得医生之赞许，谓恢复得不错。消化睡眠皆好，不多用心思，殆是其一因。偶亦出门，乘电车公共汽车皆尚方便，以须发皆

---

[1] 胡绳：中国著名哲学家、近代史专家。
[2] 杪（miǎo）：末尾；末端。

白，时得他人让坐。出门则看少数老友，或往公园，或观市肆。去春曾南游将一个月，到宁苏沪杭四处。

以示我诗词，我亦略叙此方面之事。去年南游，始重作诗词为遣。所作不多，亦无须全抄呈览，请观数首，亦见鄙怀。去年十月上旬，乍闻林之事件，作五言二十字如下："好话说唯尽，画皮描最工。大呼诛讨者，身即是元凶！"尝作《蝶恋花》一首，此老年之人生观也，如下："无限时空中着我，星汉微尘，皆我巡天伙。卅亿之间为一个，咱们洵有因缘颇。七十馀年如电火，往事思量，倘许重来过？想入非非宁复可？明年花岂今年朵？"附带奉告。我年已足七十八矣。今年海棠谢后曾作《西江月》一首，如下："青石繁英一樹，少城俊赏三春。八条寄寓岁兼旬，饱看红娇粉晕。冉冉星移斗转，年年枝发花新。花开相对自欣欣，谢也了无愁闷。"青石弄是苏州之居。抗战期间在成都，每年往少城公园看海棠。今寓八条胡同，院子里有两株海棠，看之二十馀年矣。又曾作《论诗绝句》，本以为可作几十首，得十二首而兴致已尽，不复继作。（编者按：接抄此十二绝句，略去。）请止于此，即颂

旅安。

叶圣陶
十一月廿六日夜八点半

## 致贾祖璋①

1974年5月16日

祖璋吾兄：

三日手书到已多日，迟复为歉。知大驾到沪尚有待，而满子②当在下旬过沪，恐未必能相逢。彼此次南游甚畅，游观叙谈，虽云弥乐，然亦疲困。深冀在白马湖能得休息，回京之后更充分休息也。

昔之文化大革命初期，京中养热带鱼者甚众，互相观玩交换，彼此协作捞鱼虫。今则此风已衰，而易之以种植小花小草。亦复互询品种，索取种子枝条以事栽培。机关干部与工厂工人大多如此。此事虽细，亦可以觇③群众心理。盖兴致必有所寄托，软性娱乐性之事较少，自然而然共趋同途也。

五一游中山公园，牡丹与紫藤正及盛时，而拥挤之游人似甚少观花者，唯摩肩接踵来往而已。花坞之中，

---

① 贾祖璋：著名科普作家与编辑家，开明书店编辑，叶圣陶先生老友。
② 满子：名夏满子，夏丏尊的女儿，叶圣陶的儿媳。
③ 觇（chān）：窥视；察看。

杜鹃有数盆，皆大盆繁花，态色多样，实为伟观。去岁于上海旅馆中，曾见花匠方摘去若干未放之花蕾，询其故，云勿使力乏伤营养也。

至善①社中当无事可为，以团中央未立，无领导之上级。彼颇嫌无聊，而亦无可奈何。以时上班下班，实为难挨。乃不如小沫②每日到工厂作工，做一天出一天的活也。我情形如常，间看书报，他无所作。馀容续叙。即请

大安。

叶圣陶
五月十六日午后

---

① 至善：叶圣陶先生的大儿子，其夫人为上文提到的满子。
② 小沫：叶圣陶先生的孙女。

## 致孙功炎[①]

1975年9月21日

玄常先生：

　　昨接覆书，诵《江南春》三首新作，欣赏无极。

　　翻译法国作品，我极佩傅雷[②]。彼留学法国，颇有商讨之法友，闻译中遇有疑难，辄驰书询之。彼为上海附近人，自知普通话不甚纯熟，其译稿每请熟习普通话之数友诵之，希获订正。即此二端，足以见其谨严。所译巴尔扎克若干种，皆承签名相赠。惜孙辈借出与人，去而不还，至今乃无一册矣。

　　赵朴初往西南参观，得诗甚富，今以其油印本附去，足下或乐于览之。尽可从缓寄还。匆覆。敬请

秋安。

圣陶
九月廿一日

---

① 孙功炎：字玄常，擅诗词，通训诂，娴于书画，汉语语言学家。叶圣陶先生好友。
② 傅雷：中国翻译家、作家、教育家、美术评论家。

## 致王湜华[1]

### 1976年3月26日

湜华同志：

你把我为尊翁[2]刻的这些图章打了两份，一份自己留着，一份送给我，我非常感激你，因为这是我与尊翁七十年的交谊的珍贵纪念品。

几十年来，我已经忘了曾经为尊翁刻过这些图章了，只记得他那方朱文"王君"小章是我刻的，因为时常看见他钤[3]用。现在面对着我青年时期这些胡搞的手迹，勉力回忆当年，简略地跟你说说。

一九一七年的春季，我到距离苏州城三十六里的甪直镇上的吴县第五高等小学校当教员，是尊翁和吴宾若先生二位邀我去的，二位都是我在苏州公立中学校的同学，吴先生当校长，尊翁当教员。到了甪直，我与他们二位还有其他两位教员同住在一所宿舍里，联床共

---

[1] 王湜（shí）华：字正甫，号音谷，中国艺术研究院红楼梦研究所原研究员。
[2] 尊翁：即夏丏尊。
[3] 钤（qián）：盖印章。

灯，朝夜在一块儿。课馀没事做，我就刻图章。谁叫刻都刻，而且刻得挺快，往往当天就刻好。尊翁所有的图章石特多，刻了些名和字的印章之外，还想出或找出一些辞句来，让我为他刻闲章。他常作我的参谋，怎么样布局，怎么样作篆，他爱出主意。刻成之后，就共同评议，哪儿坏了，哪儿还可以，谈个不休。如今相距六十年了，还仿佛能想见当时彼此指点品评非常有兴致的情景。

我这样起劲刻图章大概不满一年，后来兴趣转到写作方面去了，就跟刻字刀和图章石疏远了。对此道根本没有入门，放弃它也没有什么可惜的，我这么想。湜华同志，你说对吗？

叶圣陶

一九七六年三月二十六日

## 致陈竹隐[1]

1976年10月3日

竹隐夫人赐鉴：

　　顷接寄下佩兄[2]手写诗稿，喜不可支，亟作此书，可请放心。前之《敝帚集》已全抄。今此《犹贤博奕斋诗抄》亦当谨录之。若此二种之外尚发见有佩兄诗，亦补抄之，则为全豹矣。此册必慎重保护，决不污损，抄毕即当返璧。

　　近日天气已凉，敬候
兴居佳胜。

　　　　　　　　　　　　　　　　　　叶圣陶拜上
　　　　　　　　　　　　　　　　　　十月三日傍晚

---

[1] 陈竹隐：朱自清第二任夫人，为齐白石、溥西园的弟子，善书画，善度曲。
[2] 佩兄：即朱自清，字佩弦。中国现代散文家、诗人、学者、民主战士。

1976年12月21日

竹隐夫人尊鉴：

久未致候，想安善健适。

前接季镇淮①君来书，云佩公诗稿已归赵，为之释怀。近作二绝句题此稿，别纸录呈。前一首言及望江楼，情景如在目前，感慨系之矣。敬请

大安。

叶圣陶上
十二月廿一日

---

① 季镇淮：古典文学研究家、著名文学评论家。

## 致陈伯吹[1]

1977年9月13日

伯吹先生惠鉴：

久未通问，昨接六日手书，承蒙垂念，至为欣感。询及从前作童话经历，列出题目若干条，观之皆不能作答。我记忆素差，近来益甚，往时所作，久已忘怀，唯记诸作皆编者征稿，刊物需要，故而动笔。至于当时思想情况如何，所受外来影响如何，自己既从未分析，至今自一无可说，故只能交白卷矣。

近患目疾，少看书报，目与手不相应，写信亦只能从简，幸谅之。匆此奉覆，即请
撰安。

叶圣陶
九月十三日

---

[1] 陈伯吹：中国著名的儿童文学作家、翻译家、出版家、教育家。著有童话集《一只想飞的猫》。

# 致张香还[1]

1977年11月3日

香还同志：

顷接一日手书，立即作覆。

足下曾去访吴增慧，彼来书曾提及，以我之故而特地远道往访，甚感高谊。宾若夫人老境凄凉，闻之怅然。我有苏州人吴君于旧书摊购得之宾若民国五年之日记本一册，挂号寄与增慧，托彼转呈其婶母，为时已将二旬，尚未得增慧覆书，颇不放心。足下如方便，敢请与增慧通一电话询问之。

说起文学生活，我甚惭愧，自知浅薄，甚希他人不予提及。足下有兴为此文稿，我亦不敢拦阻。唯我向来记忆不佳，近年尤甚，人家来问往事，大多记忆不真，说不清楚。来信所提诸项，如欲详细回忆作答，非先细想不可，然后排次写出，总须用心思十馀日，此我所不能胜任也。为酬雅意，想得一简单办法。近月应王湜

---

[1] 张香还：笔名黎南、黄土，作家，著有专著《中国儿童文学史》《叶圣陶和他的世界》，散文集《逝去的昼夜》。

华之请，题陈从周为伯祥先生所绘《甪直闲吟图》，有三四千字，叙青年时期之情形。今将原草稿寄奉，请赐一观。其他不复书写。非有何不可告人之事，实缘我惮于回想，琐琐言不值得说而且记不真切之往事也。一切统希鉴谅。

人民文学出版社来商量，明年欲重印我作，或长篇，或短篇集，我未赞同，谓"冷饭"何必再"炒"。我非矫情，自谓所想不错。

左眼看物象变形，已成定局，左右眼不复合作亦已定局。虽验光配用新眼镜，阅览书写仍只用右眼。报纸只看标题，书籍几乎不看。人家要我写字，只得写，而落笔时着纸与否且吃不准，字之不像样可知矣。即问近佳。

叶圣陶
十一月三日下午

## 致巴金[1]
### 1978年4月2日

芾甘吾兄惠鉴：

　　上月承宠临，复贶陈酒，感不胜言。是日摄影，近方洗印，今寄呈三张。以技术言，此殊平常，唯留为纪念有意义耳。书不尽意，敬候
兴居胜常。

叶圣陶上
四月二日

---

[1] 巴金：本名李尧棠，字芾甘，笔名巴金，中国现代作家，叶圣陶先生好友。

### 1983年1月6日

巴金兄惠鉴：

　　昨日收到寄赠的《真话集》，签名处说明写于病床，观此手迹，遥念不已。七八年夏秋间，我以割胆结石卧床三个多月，以后起身，履地，举步，都像幼儿似的重新学习，渐渐恢复原有能力。此中亦有趣味，不觉得如何难堪。您用牵引法治疗，须卧床六周，想亦不以为甚烦恼。

　　见病床上能题字，且能撰发言稿，殊感心慰。书此伸谢，并请
痊安。

叶圣陶

八三年一月六日

## 致吕叔湘

1979年12月15日

叔湘先生尊鉴：

重观《文言读本》，始忆前事较详。此书发凡起例悉出卓裁，长篇导言全为椽笔。附骥二字，于弟非徒取譬，可谓写实而得其真矣。又得一念，以为苟能一字不放过若此本，学者并能一字不放过而观之思之，则乂言之教学庶几可以致效。再则课文系属举隅，得一宜可反三，故删去若干篇而不嫌其欠缺。以上为弟同意重印之所以。尊删各篇皆非删不可者，弟无异议。

排版似只能用繁体字。横排竖排两可。注音字母殆须改用拼音字母，则横排为便。

第四册校样，今日往问锡光，答云全想不起，可谓无望矣。今令三午送还原书。酌加修订，弟只能袖手，良为歉疚。要否加一篇"出版说明"可考虑。如需要，弟以为仍由大笔书之为佳。馀不多叙，即请

大安。

弟叶圣陶上<br>十二月十五日

## 致新华社

### 1980年5月9日

新华社负责同志惠鉴：

前日寄上一书，想蒙察览。

发射运载火箭成功，闻之欢忭。而贵社昨日所发急电又有语病，仍书以奉告。

毛病在多了一个"的"字。用了"的"字，则"我国……发射的"是"运载火箭"的定语，"运载火箭"是主语，说运载火箭"获得成功"或者不成功，都是没有意义的。不用"的"字，主语就是"我国……发射……运载火箭"这件事。一件事作主语，才能说"获得成功"或者不成功。

是否有当，至希斟酌。即请
撰安。

叶圣陶

五月九日

1980年5月15日

新华社惠鉴：

　　本月九日贵社受权发布公告，我当天仅听广播，没有细辨。今天有人来说，这份公告有语病，我才翻出报纸来看，果然有语病。

　　公告说："中华人民共和国将于……，由……向……公海上，发射运载火箭试验。"照这句话看，"中华人民共和国"是主语，"发射"是谓语，"运载火箭试验"是宾语，这显然不是想要表达的意思。在想要表达的意思里，"发射运载火箭（的）试验"是一个意念，拆不开的，而且只能让它作宾语。那么这句话就少了个谓语了，得补上个谓语"进行"，就成"进行发射运载火箭（的）试验"才行。

　　我猜想把这话翻成外文的时候，一定要补上个动词，或者变更语序（把"试验"用作动词）。

　　既有所见，不敢不告。即致
敬礼。

叶圣陶
五月十五日

## 致中华书局

### 1981年2月9日

中华书局负责同志惠鉴：

上月廿四日来书敬悉。嘱书贵局七十周年题辞，顷勉力书就，写作俱差为愧，送请收纳。

为傅彬然先生撰小传，已与其家属及开明旧同人商量，请提出初稿，俾我斟酌定之。

去年十二月上旬，贵局哲学编辑室来书，以重印《十三经索引》之"出版说明"相示。我为此稿修改数则，于十二月八日挂号寄出。此函收到否？如收到，鄙意可蒙采纳否？敢希示知，俾得释念。

贵局出版《文史知识》，第一期之目录见报已久，其中有拙稿一篇，而此刊尚未惠寄，不悉何故。此致敬礼。

叶圣陶启
二月九日

## 致谢冰心[①]

1982年12月29日

冰心大姊赐鉴：

　　一直没有去拜望您，万分歉疚，只从各位同志方面间接探听尊况，闻知渐趋康复，略慰心慰。

　　今天接到惠赐的《三寄小读者》，敬当珍藏，不敢泛泛说个"谢"字而止。"前辈"二字不合，敢请往后不再用。您与我的的确确是平辈，《小说月报》革新的第一期，您的我的文篇同时刊载，就是同辈的确证。

　　鄙况尚可，只是视力听力越来越差，颇感不方便而已。敬颂

　　俪福，并贺年禧。

叶圣陶敬上

十二月廿九日

---

[①] 冰心：原名谢婉莹，叶圣陶先生好友。中国近现代诗人、作家、翻译家、社会活动家。

### 1984年11月1日

冰心大姊尊鉴：

　　顷接惠贶鲜花，插之于二瓶，鲜艳馥郁，满室生辉。心感厚意，辞难宣达，伏希亮察。敬请

　　著安，并祝俪福。

叶圣陶拜启<br>十一月一日上午

## 致陈从周[1]

1983年4月1日

从周兄惠鉴：

昨日接上月廿九手书，前日接云乡兄书，皆言将拙书一函"文汇"刊载事。敝寓定阅"文汇"，是日之报已见到。拙函信笔书就，初不欲示众，识见浅薄，对人称谓不恭，遽令刊于报端，未免汗颜。果有利于曲园之复其旧观，如足下之所期，则献丑亦复值得矣。鄙意以为第须明确两点，一为曲园总得有园，二为修复乃为纪念曲园先生，故不须考虑派别的用场。足下倘以为然，可于集会时主张之。承贶《书带集》早收到，未作书道谢，良歉。

近日闲坐无事，偶然涉想，以为如苏州诸园唯宜于少数人雅集，不宜于群众涌至。而今时旅游渐盛，几处名园非到不可，已成到处是人无时不挤之势。此中即有雅人，亦只能于众中推推撞撞，走遍全国，完成"到

---

[1] 陈从周：叶圣陶先生好友。中国著名古建筑园林艺术学家，擅长文、史，兼工诗词、绘画。著有《说园》等。

此一游"而已。故鄙意以为今时造园宜着眼于众多人共游，既宜于群众偕来，又不落于庸俗喧闹，俾游者各领佳趣。如整个香山公园，若能于保护老树，培植新树，修整道路阶砌诸方面认真加工，经常维护，庶几合于群众共游之需。他国公园，设计布局佳者殊多，宜可酌取其优点，并令中国化。而如网师园之明轩，则可以移植于美国为展览，而不必在我国公园中布置类似明轩之结构。浅见言之未畅，聊博一粲。即请

著安。

叶圣陶
四月一日上午

## 致郭绍虞[1]
### 1984年6月20日

绍虞尊兄赐鉴：

久不通信，而时时相念。昨日令外孙女李欣携其女孩偕来，颁到《古典文学论集》。弟以病后困倦昼寝，未与晤面。儿妇及孙辈与接谈，获悉兄与嫂夫人近况，及弟醒时，乃以相告，殊慰远念。

弟于四月间作手术割去胆囊，经过良好，继之又患胃肠炎，住院复二周，出院已一周，体力及神思皆尚委顿。耳失其聪，目失其明，写信如此不成样，可证视力之极度衰退矣。

另寄《我与四川》一册，书无足观，唯希粲纳。敬请颐安，并颂俪福。

弟圣陶上<br>六月二十日

---

[1] 郭绍虞：叶圣陶先生好友。中国著名的教育家、古典文学家、语言学家、书法家。

## 至 善

### 1969年5月21日

至善：

　　盼你第三封信盼了好些天，昨天盼到了，写的方面很广，让我们知道得很多，大家都安慰。一个坐办公室坐了二十年的人，现在完全成为体力劳动者，真是巨大的转变。这转变不可能不影响思想，不可能不影响世界观，我真为你高兴。想想现在像你这样的人，全国不知有若干万，还有像小妹小弟[1]那样的青年，全国又不知有若干万，他们同样处在这样的巨大的转变中，这是社会主义革命的精髓。

　　大奎[2]这些日扁桃腺肿，影响到关节炎，疼痛颇甚。前天请了七条门诊部的医生来，给他注射油剂潘尼西林，又给了有关风湿和止痛的药片。昨今两天觉得舒服些了。北京医院扎快速针还是间日去，现在第二个疗程快要完毕了。

---

[1] 小妹小弟：小妹，即叶小沫，叶至善女儿。小弟，即叶永和，叶至善幼子。
[2] 大奎：叶至善的次子。

你对三午①的说法，我同你一样想。我偶尔暗示地说过，他似乎不大起反应。

就外表看，满子似乎近来好些。睡眠时间比冬令多了。面貌间也不见疲乏之色了。这些我在前次信中记得也写过。她为了全家的吃的用的，一跑出去就是三四个钟头，这儿等候，那儿排队，想想也感到吃力，但是她不以为苦。最近祖璋夫人也患了乳癌，住在政协附近的那个医院里，本星期内要动手术。满子已经到医院去过两次，手术之后总还得时常去探望。龙文②近来又胃出血，血从大便道路出来，因此请假在家。这两人的病况，对满子自不免多些忧虑。

上星期日，部中又开大会，是"清理阶级队伍动员大会"。我去参加了，工宣队同志作报告。来回乘车，坐着听人说话（听不清，特意用心去听，还是模模糊糊），自己也说一些，半天工夫，确感吃力。但是他们照顾我们，把学习时间减到每周两个半天，我就抱定宗旨，非万不得已，总要按时前往。

昨天寄出一本《红旗》，想先到。《红旗》真不容

---

① 三午：叶至善先生长子。
② 龙文：名夏龙文，夏满子的二哥。当时是新华书店员工。

易买,机关里集体购买,书店发行,每日一早排极长的队。前天满子出去得早,见书店运进的《红旗》多,就排了队。买了三本,一本寄你,一本寄小弟,一本我留下。

以后再写吧。

祝你一切都好。

圣陶

五月廿一日上午十点

1970年4月27日

至善：

今日不预料接信而接信，至为欣快。此信首尾四天，托带确是快。你给三午的信，我句句赞同，用句流行话，"说到我的心坎上"。我有时也跟他稍稍说几句，没有你说的这样周至恳切。我总觉得他有一副"看穿"态度，是不是我的成见，我也断不定。"看穿了""无非那么回事"，要是果真属于此种态度，那么别人尽管谆谆劝勉也只是白费了。他于昨天下午回林场去了，是党委会打电话来叫他去。那个姓唐的现在大受批判了，职务也暂停了。据三午猜度，大概是要他说说唐的事。五一回来不回来不知道，你的信要等他回来给他看了。我要督促他，看了信认认真真写一封回信。

第一颗人造卫星，太叫人兴奋了。我想到两点，此时放射，一是为美苏正在进行核谈判，一是也以此纪念列宁。卫星的重量和近地点、远地点，我觉得都比苏的第一颗大（五九年我抄在日记上，我不曾去翻查，只是约略记得）。我猜想，我国的设计制造，一定是自辟途径，不与他国相同，他国的技术资料必是保密的。报告经过各地（祖国和外国）的时间，现在已经报告共四天，这也了不起，非计算精确，保证不错，不能这样报告。昨天经过北京上空是十一点十一分。我按时开收音机，就听到《东方红》乐曲声。今天经过北京是夜间，自西北往东南，可能有看见的希望。今晚八点一分未见之，不知何故，或许院子太小。

那位兽医了不起，真可钦佩。其他人的先进事迹，你没具体说。我想将来总会写成一篇印出来，那时给我弄一份。你说平整土地，修活道路，闻之引起遐想。我看不一定要三年五年，明年可能就面貌全新了。我上一封信里说起我的瞎想，我想，我明年此时该可以参观潢川吧。今天就写这两张。

圣陶

四月廿七日下午五点写完

## 1971年4月1日

至善：

上月廿八夜信，今天上午到。

你说的"反正我们现在花的钱也是国家给的，也受之有愧"，提得很尖锐。我竟没曾想到。如此推想开来，竟可谓无一而可了，奈何！

张重光[1]在天津耽搁很久，说是为了等一个兰州来的人到北京碰头，而那人迟迟不来。姑母说，在兰州住得惯，多住些时，否则少住些时。总之，她要有伴才能回来。

姚澄[2]不得解决，是由于插不进去。

三午回家，仍是照例的假期，他人都回来。今天清早，他回林场去了。

你谈牛缺草和鹅孵蛋都说得详细，我喜欢看这样的信。

以下谈些旅中见闻，上几次写信没说起的。上海报

---

[1] 张重光：叶圣陶的外甥女婿。
[2] 姚澄：叶至诚夫人，第二批国家级非物质文化遗产项目锡剧代表性传承人。

上说的九四二四铁厂,我现在知道了。就在南京附近,地名板桥,地图上有。其厂简称"板铁"。那里高炉的建造是个创新,是横着做好了然后竖起来的。铁矿石采自附近的梅山。炼成了铁,供应"上钢"炼钢。"上钢"向有吃不饱之苦,现在有了"板铁",这才吃得饱了。

杭州灵隐寺保护得最完整,说是周总理特嘱杭州大学生叫保护的,为了招待佛教国家来宾的需要。佛像菩萨像都完好,连所有的匾额和对联都是原物,山门外左右的乾隆诗碑亭也还在(他处的乾隆诗碑亭都去掉了)。该寺关闭多年,因西哈努克之来而开放,一开放就关不住了。非但杭州本地人,连上海苏州都有特地去看灵隐寺的,天天人山人海。现在山门外贴有说明和大批判专栏。说保存此寺和飞来峰一带石刻,是为了珍重古代劳动人民的艺术成绩。批判里大致是信仰固自由,而反对宗教迷信也有自由,还有宗教为麻醉剂等等。

韩家两弟兄夫妇,惠沅①的三女三婿,五对共十个人,只有惠沅的妻一个是家庭妇女,九个都有工作,而且都工作得不错。像这样一个家属组织,我看是很好的

---

① 惠沅(yuán):即韩惠沅,叶圣陶先生的远房亲戚。

了。但不知类此者占苏城的多少成数。

刘仰之[①]夫妇都佳健。他们的三子一女，按次序分居皖、川、闽、陕四省。刘尚德复员了，在重庆的一个工厂里。仰之俩领两个小孩，三儿的女孩和女儿的女孩。

郭绍虞老夫妇都尚安健。几个女儿和外孙辈虽不住在一起，而都在上海，且距离不远，常来看顾。绍虞仍旧不倦写稿，最近刚完成一部《宋诗话考》。我诗中所称"闻君犹健笔"指此。复旦近时分配到《二十四史》中的四种（原来是中华书局组织的），绍虞也要参加其事。

章家爹精健如昔，喉咙还是那么响而脆。他的所在的厂专做纺织方面的各项机械，他说比以前懂得更多了。兀真的二姐夫特地请假回上海看我，谈了将近两小时。听他批判不安于干校的几种活思想，又听他说当天上午还写了几张大字报，看来是相当进步的。

杭州南京两地，园林里种广玉兰和雪杉都极多。树皆高大。想象广玉兰开花时必然香气四溢。作为街树的法国梧桐，则所到的四地都大极了，叶盛之时，人就在

---

① 刘仰之：叶圣陶先生的外甥。

绿色的胡同里走。调孚①又回京来了。原因是章士钊的一部《柳文指要》，有指示叫从早出版，让章能亲见其出版，而未了的编校工作，章点名要仍由调孚做。据说只须四五个月，此书就可完成了。

胡京京的父亲突然于昨晨去世。医生说已经脱离危险，让他回家，而不知死亡在即。胡京京暂时还不能回去，总得让母亲安顿了再去。至于永和他们，则决定于十日动身。永和这几天忙于放照片，明天要去看中草药展览（在美术馆，观者拥挤）。他不喜写信，写得又简单，这是不可否认的。再附几张照片给你。

圣陶
四月一日下午六点一刻写完

---

① 调孚：即徐调孚，叶圣陶先生的老朋友。

#### 1972年4月18日

至善：

　　此刻收到十六晨的信，准期不误。我十三晨一信，十五晚你应收到，而未到，大概是邮程偶然延误。十五晨又寄一信，照算昨天十七晚上收到了。

　　十四夜我写信，我是想起下一天是你离京三周年，而有意不提的。

　　"奈何儿女谋"似只能解作"对'儿女谋'怎么办"，而不能解作"难道就摆脱不了为儿女作打算吗？"要表达这个意思，五个字不够，前两个字后三字中间总须加点儿什么才行。你看如何？

　　你这首五古给我第一个印象很不错，可以得七十分以上。今天不细谈，明后天推敲过后再说。了一说古体要尽量避免律句，我看也不妨随便。如果说古体不必管什么律不律，或许倒比较确切些。从前考试，不考七绝七律五绝五律，专门五言排律。"对"是非讲究不可的。"失'黏'"是押错韵，搞错平仄，诗虽好也不能取的。"拗"和"救"在排律里是谈不到的。换句话说，排律不许"拗"，也就无所谓"救"了。了一看过我的诗稿，他在眉批上边指出了好些"拗""救"，他是意在说我"救"得好，其实我梦也没有做到。

你说"近体诗的句子多数是律句"，这不对，应是全部为律句（不合律就成拗句）。而近体的律（五律七律）还有一个条件，就是中间的四句必须是两联。绝句就随便，有第一第二两句成一联的，有第三第四两句成一联的，有全首四句成两联的，也可以一联没有——可能在了一的书里，说这一点儿意思就要好几页吧？

家里的海棠丁香前天开，调云①照老例，折枝供瓶中。今天第三天，院子里的海棠正好看。今年我看花看得畅了，一回顾颐和，两回中山。

圣陶
四月十八日下午六点半写完

前日振甫②来，我把鲁翁③的两句诗问他。他说"秦醉"出于张衡的《西京赋》，并把原文大略说了说。今天去访伯翁④，拿《文选》来查看。现在把原

---

① 调云：即施调云，叶圣陶先生家的阿姨。
② 振甫：即周振甫，叶至善的同事。
③ 鲁翁：即作家鲁迅先生。
④ 伯翁：即王伯祥，叶圣陶先生老友。

文抄在这儿。"昔者大帝悦秦觏之,飨以钧天广乐。帝有醉焉（注谓：上帝竟有酣醉于秦之心）,乃为金策,锡用此土,而翁（注谓：翁,尽也）诸鹑首。"鹑首是星名,兼及井宿和柳宿,是秦地的分野。振甫又告诉我梁启超有两句词句,"以鹑首而赐秦,天胡为而此醉！"我说这不像词句名像赋里的句子,他说确是词,但是其他句子和调名,他也说不出了。由此看来,"秦醉"是上帝偏爱秦国,为秦而醉的意思。我问振甫,具体到鲁翁的句子,是什么意思呢？他说这大概指帝国主义侵略。关于下一句,他这么解释：庄舄（xì）病中作越吟,是不忘本。"辍越吟"等于说忘本。全句是说蒋介石一九二七年背叛革命。我看振甫的解释,下一句比上一句可信,上一句还不甚清楚。鲁翁这首诗,原稿后面是否有年月？我记得当时他想往广州看看革命形势,还在北伐之前,到了广州也曾作了些杂文,表示有些事情看不惯,后来就到上海。猜想起来,这首诗该是作于"四一二"之后。通体看来,很合于那时候的气氛。

四月十八日午前写

前日振甫谈及出版口为四家出版社增添新生力量的办法。四家是人民、人文、人美、商务。先从部队调少数人员来,立即参加编辑出版工作。再则从工农兵中间和知识青年中间挑出一百多人，送到北大去培养，几年以后，分配给四家。主要目标在提高质量。

《李白与杜甫》出版之后，据云引起一些反作用。苏修借此攻击大国沙文主义，以李白生于碎叶为例。北大的工农兵学员在中文系的说，杜甫既是地主阶级，还要读他的诗做什么。——要读旧诗，而想挑选非地主阶级的作者的作品，大概是很不容易的。

午后写

## 至善、至诚

1971年2月20日

至善、至诚同览：

说的是同一事，故而复写。

我久想出去走走，苦于无人为伴，独个儿出门，家里不放心，自己也不放心。现在有永和在家，他的假期可以到三月底，与他结伴出门，真是个非常难得的机会。于是在夜间饮酒的时候说了，永和一听，当然高兴。又想以往到各地，总是住招待所，那是"公出"，如今纯系私事，须得有一份证明书才行。满子就去与同院军管人员尹同志问询，尹说这好办，他回到部里与别人共商，结果打电话给国务院请问。昨天晚上他来电话，说国务院表示同意，证明书就可开来。至此，想望已久的出游就将成为事实了。

我准备到宁、苏、沪、杭四地，程序照此，从杭州直接回来，每地平均勾留五六天，总之三月廿二三必回到家里。也不想去玩名胜古迹，也不想去访问谁，在宁只要看看长江大桥，与至诚姚澄谈谈，在杭只在湖边望望，或者划划船。我自知走不动，决不勉力多走路。拿到证明书之后就去买票，买到票打电报给至诚，到了南京打电报给至善。

十足五年没离开北京，现在将作小游，颇有小学生在旅行前夕那样的跃然之感了。

三午于后天（廿二）回林场。兀真的厂将改为制造"苯酣"的厂，这是人造纤维，其厂做到拔丝为止，不织成织物。她与少数人先离开鞋厂，做"筹建"工作。预计到七月一日就要正式投产。

附去小沫的一封信。

圣陶
二月二十日上午十点

## 至善、满子

1971年3月4日

至善、满子同览：

这封是复写信。

明天一早到苏州去了，票已经买好。在南京住八夜，住得长了。因为碰上西哈努克，昨天（三日）今天（四日）才出去玩了一下。是文教局派一个干部陪我们去的，坐他们的车。到的地方是大桥，人民公园（玄武湖），中山陵、灵谷寺、明孝陵，还是名胜古迹。大桥看得最仔细，上了桥头堡、公路层、铁路层、模型、大厅都看了，又听了介绍。然后坐了汽车在桥面上开了一个来回。玄武湖新修环湖公路，乘车绕行一圈，然后在梁洲看看雪杉。树木比以前大多了。玄武湖尚未开放，

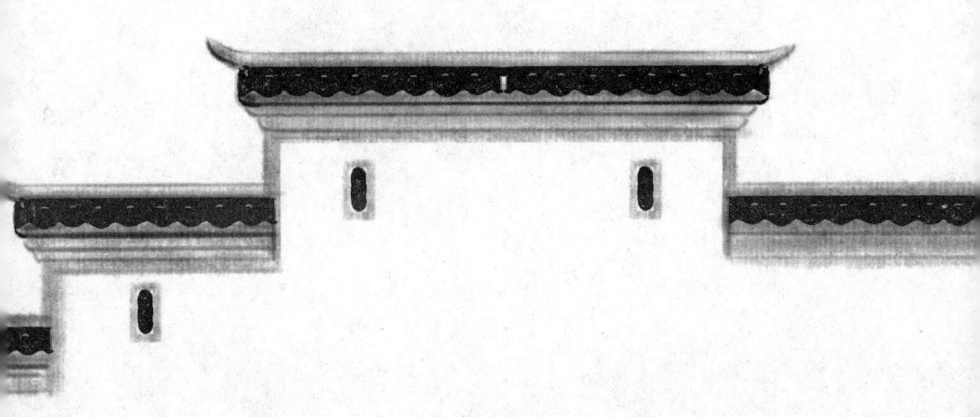

大桥桥头堡和明孝陵也是靠了机关介绍才得参观的。两次出游，时间都不到三小时。中山陵、灵谷寺我都没上去，永和一个人去爬，所以我不觉吃力。连日来我的饮食起居和在家一样。至诚他们来，谈到九点或八点半，也就去了。姚澄总是说满姐姐老是送她东西，她想还敬些，可不知道买什么好。我说不必动脑筋。一定要送还，这是俗套，现在不可讲俗套。

待到了苏州再写信。

圣陶
三月四日下午两点半

参观农村和工厂，我恐都有些不容易。我自己知道凡要走一两条胡同就会感觉累，而参观总得要走些路的。

# 第二部分　日记

## 1939年6月3日　星期六

今日在校中请假一天，两学期来，余第一次请假也。天时雨时止，殊可厌。上午与二官①出买花，得苍兰八支，值七角。午刻，叫菜四元，全家与徐伯麟、刘师尚、黄幼卿等同食。

饭后，郑若川、吴安贞来，助满子理妆。三时半，全家至土桥街大世界照相馆，小墨②满子合摄一影，全家合摄一影，遂至红十字会。徐伯麟等及方欣安、高晋生、吴子馨诸位皆助我们招待宾客。六时之后，客尽集，遂开宴，凡六席。客嬲（niǎo）酒，新郎新娘而外，兼及墨与余。余饮颇不少。席散时正下雨，于诸客殊抱歉也。

十时返寓，灯烛齐明，年轻人闹新房，欢笑颇盛，客散已十一时。开明同人来一贺电。又接佩弦一信，叙近况甚详。

---

① 二官：叶圣陶先生的女儿至美。
② 小墨：即胡墨林，叶圣陶先生的夫人。

### 1939年6月20日　星期二

明日为端午节，我家今日裹粽子，墨与满子动手，余为助手，母则煮饭作菜。余又改癸组文十馀本。天气大热，余头昏脑胀，下半身作痠，殊不舒服。

午后四时，昌群来，与偕至文庙观图书馆。昌群谓以视浙大，所藏多矣。遂登瞻峨门俯瞰全城，城小极矣，凌云乌尤丹翠如画。小立有顷，乃归。

令满子、二官、三官持粽子分赠欣安、晋生、雪林、沅君四位，亦以点缀节令也。

## 1939年7月19日　星期三

晨起，至朱东润所，与偕至校中，将试卷分数单交与注册部。

午饭后昼眠约一时许，闻雨声澎湃而醒。余之斗室，几案板壁均淋漓，书物皆沾湿，急为移开已不及矣。雨固太大，而屋瓦又不密，致遭此厄。雨历一时而止。五时后，与墨、二官、三官往安澜门看水，黄流滚滚，急于奔马，声响亦足骇人。水中夹带竹木茅草，皆冲毁之庐舍也。水面距街面才石级五六级耳，若赓续下雨，水即上陆矣。夜静时闻涛声轰轰，其势殊可恐。

### 1939年7月30日　星期日

小墨于校中学制饼干，今日在家试为之，大家动手，亦自有趣。饼干以油炸而不以火烘，味尚可口。

十时后，与墨偕至昌群①所，其夫人自制小菜留我们饮酒，房东蓝君夫妇共食。食后至山下看房子，蓝君为余言修理计划，将屋面升高，重筑竹壁，铺地板天花板，加辟窗户，云须一个月以上方完工也。四时归。

二官日来为升学焦虑。成都多中学，彼欲与数同学往应试。我们以为任其独自游学成都，殊非便，最好即在乐山入学。前日见报载吾苏省立蚕桑学校迁来续办，地址即在红十字会相近。因与二官偕往索章程，明日再往报名。二官欲循序入大学，此校非其所喜也。

夜续讲《孟子》。

---

① 昌群：即贺昌群，中国著名历史学家、教育家。曾历任商务印书馆编辑、北平图书馆编纂委员等职。

### 1939年8月11日　星期五

五时半即起，匆匆料理，即辞别家人出门。二官送余至子馨家。马师亮、叶之真、江仁寿三君已来，将行李装上车，即开行，时为七点。

乐山距成都一百七十馀公里，公路颇不平，坐小汽车犹觉震荡不适。过河以渡船，汽车上船，多人撑船而渡；凡数渡，以岷江一渡为最宽。经夹江、眉山、彭山、双流、新津、华阳等县而至成都。在眉山曾停车一小时，步行至苏祠公园，园中竹树茂美，建筑物亦古雅，又有荷池，颇值一观。

下午一时到达成都，计开驶时间为五小时也。至华西坝，访暑期讲习会办事员，办事员招待我们至城内沙利文饭店，据称可以舒服一点。

午饭后。余与子馨、之真再往华西坝。此为华西大学所在地，高大洋楼甚多，草场茂林亦复俱备，似视吾吴东吴为大，部分颇不少。寻暑期讲习会课室所在地，久乃得之，晤该会之教务主任高公翰，知余所担任者尚须下星期五开课，为之怅怅。

辞出后，与子馨偕访徐中舒于四川大学，不值，即归沙利文。我们所住为四楼，下望全城，屋舍隐于树木之中，真如"锦城"，与北平相仿。顷过巷陌，见人家门墙，雕镂绘彩亦类北平，绿树森森常出墙外，诚居家之良地也。然大轰炸以后，迁往他处者闻已不少。被炸区域曾见数处，皆甚广大，已整理清楚，虽颓垣断壁，而无惨象矣。城门旁之城墙正在拆除，便于城中人闻警时出城。

　　八时进餐。刘子值来，徐中舒来，谈至十一时去。寄一短简与墨，告已抵成都。

## 1939年8月13日　星期日

晨五时半即醒，起倚窗栏，群山即在右面与右后，微有云封，沟渠轰轰声而外无他声，此境静极矣。忽忆今日为第二个"八一三"纪念日，则静境亦殊不足以宁心也。

吴叶二君既起，谋食早餐，各进煮熟鸡子三枚，此最可靠矣。唤滑竿三乘，每乘四元八角，今日一天游山，明日送回灌县。论价既定，他们去吃饭，中有三人且须抽鸦片，九时后始启程。我们各以棉被为垫，且用枕头，坐之如沙发椅子也。

出城至二王庙，庙祀李冰父子，纪念其治水之功。其庙飞甍四出，子馨谓有唐代建筑风格。墙上石刻"深淘滩低作堰"六字，所谓李冰六字诀也。又有彩绘之都江堰灌溉十四县之鸟瞰图，沟渠密布条分，有如人身之血管。庙屋甚多，正殿后殿而外，未暇详观。

出庙，步行过索桥。桥以巨木为架，植立江中，几八九架，以甚粗之竹索若干条并行纵系其上。于索上更横铺木板为桥面。桥旁有栏干，亦竹索也。人行其上须稳定身躯，踏着一条条板前进。否则行到每两架间桥面下垂处，即将左右颠荡不已，颇见危险矣。余初行几节，颇觉胆小，下为轰雷之江水，身着于不稳定之桥索，似殊可怕。后放胆走去，进行甚速，而且走来颇合度。桥长若干不得而知，总之走了七八分钟。是后行经田野，一路水声或宏或细，听之不厌。

滑竿夫歇息时，叶君发现一饼摊正烘面饼，认为可靠，各购食二枚。茶店中茶客甚多，皆入山出山之游客与滑竿夫也。

下午一时登山，在山谷中曲折前进，泉声时而在左，时而在右。至圆明宫，一不大之旧道观，无甚可玩。次至上清宫，观宇大而新，道士留吃茶。出观后而上，约数十步，为青城第一峰，此山最高处也。旧有麻姑炼丹台，今仅一茅亭耳。自上清宫而下，至朝阳洞，为一敞开之大石洞，庙观即在其中。由朝阳洞再前行，佳景始接。有石壁而甚高，望之可见古代冲积之痕。而树益茂，路益曲，谷益深，无以穷其状。前此我们皆失望，以为青城不果尔尔，至此则共相赞叹，谓"青城天下幽"之语非诬。

一路好景目不暇接，卒入于天师洞，所谓第五洞天，额书"古常道观"也。方丈彭道士已接县政府电话，住我们于养志庐，客堂中最雅之室也。外有虚阁，面对石壁，竹树在下，至宜憩坐。洗脸毕，彭导我们游观。此观甚大，殿宇新修，颇宏伟。客室房间甚多，几乎住满了人，盖避空袭者有全家常住于此者也。儿啼锅响，大庭中人挤如市，与其精舍花坞不相调和。我们先观一大银杏树，树真大，不知其几围。又观降魔石，一绝大之石裂分为三，我们从缝中绕行。又观大松若干株，高枝针叶极细，异于常松。壁上石刻，我们均无暇细观。

回客堂即吃饭，有荤有素，烹调尚佳。今日仅吃此一顿饭也。饭后由正门而下，观溪桥及曲径。暮烟渐合，稍感凉意，遂归房而睡。今日口占一律："愤慨岂因好景平，八一三日入青城。高树低树相俯仰，下泉上泉迭送迎。古内海于望中证（地学家言成都盆地古为内海），天下幽非浪得名。药坞丹房常道观，避灾人集沸市声。"

## 1940年2月14日　星期三

晨到校上一课，归来后坐休至午。

饭后，与小墨二官游白崖，观蛮王洞，一路行于菜花豆花香中，如江南三月时也。于诸洞观其大者，返循乐西公路行。明日二官即将到校，方其未归颇盼其归，而归来颇匆匆，十天又过去矣。待春假时，可再来作一星期之叙。

庭前海棠已有鲜红之嫩芽，花期当不远矣。

## 1940年2月24日　星期三

天气大好，温暖如江南之季春。午后，与墨及小墨出外郊行。自浮桥过江，沿对岸行，见新筑草屋颇不少，皆城中人避难之所，至龙泓寺，观山脚石刻佛像。渡江而返，计步行两小时。

1940年3月12日　星期二

又是竟日晴明。伏案作文，将寄调孚，得一篇，曰《人生观》，不及千言也。收到《大公报》馆寄来之文艺副刊汇订本，选看数篇以为消遣。

1940年3月29日　星期五

天气大晴，室内始见苍蝇。下午，为三个孩子改文讲书。

小墨满子出游，折得千叶海棠数株而回，娇艳特甚。余大喜，插于瓶中。三年离家，此次所见海棠为最满意，然犹不及青石弄余家中所种之一棵也。

### 1940年9月11日　星期三

上午作一书覆子恺。午后作书覆彬然、雪山。伏案便觉吃力，背部及两腿都疲。长此不生气力，如何是好。

今日买一鸡，苹果十馀枚，往酬萧君绛先生。此次小病，酬谢三位医生已二十元，其他费用合计之，亦达五十元矣。

### 1940年9月16日　星期一

续作文稿，得千五百馀言。

今日为中秋，杀一养了一年之鸡以为点缀。邻居数家互赠月饼水果，然物价贵，仅能表一点意思而已。

收向日葵，十馀棵仅得子一升。庭前种植以南瓜收成最好，结了二十馀个。玉蜀黍仅得十馀穗，辣椒也结得不多也。

## 1940年12月31日　星期二

　　晨起，宰一公鸡，以为除夕之点缀。母亲因宰了鸡，想顺便祀神。祀神本当在阴历年终，且以夜间，今为凑便，改于阳历年终，且以上午，亦有趣事也。

　　午后，小墨二官为余缮写①课程标准毕，校之，他们均不习缮写工作，脱误颇不少。校毕，即作书致子杰、茂如，将课程标准分寄之。

　　得馆中同事吴天墀②信，告颉刚等所拟办之《文史教学》决于明年一月间出版，吴为负责编辑人，向余征稿。此刊为教厅所办，不得不赶作一文与之。又得俞守己信，言其房客暂不迁出，另探得一处有房屋，邀余到蓉往看之。余到蓉殊不易，拟托雪舟代看焉。

　　三官以午刻归来。全家齐集，吃年夜饭。

---

① 缮（shàn）写：誊写。
② 吴天墀（chí）：历史学家，宋史、西夏史专家。

### 1941年1月29日　星期三

所居仍此屋舍，但心情已异，如在旅居，徘徊坐立均觉无聊。

饭后往访东润，自嘉乐门外右折，偕行于山间，颇赏竹树丘壑之胜。会心旷远，正不须名山胜地也。前年春间，记曾与通伯、子馨一经其地，此后殆亦不复经行矣。行一时有半，而至高西门外。入城，余觉微疲，入玉堂街全家福菜馆食包子，借作小憩。然后徐行回家。

得郭子杰信，言张云波君将离馆，拟以第二组主任名义加余身，促余早日迁蓉，且汇移家补助费三百元。余素不习事务，任主任且将有种种牵制，身体不得自由，拟到蓉后辞之。

### 1941年2月23日　星期日

昨一夜雨，今日仍放晴。人皆谓是好雨，如落的银子。

上午，作稿七百馀言。饭后入城，至陕西街，知佩弦昨来过，留稿一篇交余，嘱转《文史教学》编者。悔不以昨日入城，与作半日畅谈也。与雪舟谈一时许。

至祠堂街购物，并访月樵。月樵言此间需国文教本甚亟，劝余编之。谓宜有两种，一种为可供熟读之文言，一种为按照课程标准之正式课本。余漫应之。作事不能迅速，又缺乏助手；独立担任，必致每日皇皇，此余所以怕也。

割肉三斤而归。

灯下，校阅墨所作小字典数十条，至九时而毕。墨以今日开始工作也。此事虽止于辑集比较，然亦非易。一释欲求精当，往往须思考久之。今仅能"但求无过"而已。

### 1941年4月24日 星期四

农人盼雨已久,昨夜得雨,今晨亦雨,可喜也。

竟日伏案,注退之《画记》一篇,又子厚《永州八记》之第一篇。

今日二官二十岁生日,满子冒雨往青羊宫买面,买一鸡兼买杂物,一次即用去二十多元。回来乘鸡公车,据车夫告伊言:饭店中饭每碗一元六角,独吃吃不起,则合两人往,分吃一碗,聊以充饥。又言平时不觉得,今日之饭乃特觉其甘香。家中妇女则以一撮米和菜煮之。其母谓之曰:"你要推车,不能不吃点饭。我们在家,吃点米汤可矣。"尝一日不吃饭,果然,推车无力,举步不得。——此等语酸楚,特记之。

傍晚吃面,小墨特回来同餐。

### 1941年7月5日　星期六

晨有北风，天阴，遂转凉。下午虽仍有太阳，亦复堪耐。余晨作一书覆佩弦，看《星期评论》；午后续作昨稿，得五六百言即止。

今日算是休息，意较舒适。傍晚，看三官在溪中游泳。三官今年在光华与同学共学游泳，居然入门；观其姿式亦颇有几种。彼往年时时有病，而今年半年从未因病请假；或即是乡居习游泳之效也。顺便捉虾，复得三寸长之鱼一尾。取自己所制酱煮之，以佐晚餐。酱系小墨所制，以霉菌加入煮熟之大豆与炒熟之麦，为时仅半月即成，味甚鲜。

### 1941年10月7日　星期二

　　门外杂树竹丛间有芙蓉一枝，杆倾斜而高，枝条在高处已放五六花。此花不耐细看，而颜色特艳，亦可喜。大约可有十日之赏玩也。

　　傍晚，光华教务长薛观澄（迪靖）先生来，要余教基本国文一组，四小时。余怕改作文，本拟拒之，而其语颇殷切，遂允焉。相约以下星期开始。作此一诺，身上又多一事；以余之衰躯，实不宜过劳，亦只得且强为之耳。

### 1941年10月20日　星期一

雨十馀日，今日始得嫩晴。晨到馆，看《王安石评传》。

十一时半，西北中学以人力车来迎，招往演讲，盖陈斠玄、陈伯琴二君来说者也。校在土桥，行二公里而至其女生部，晤事务主任马君。男生部又在距三四里之乡间，由马雇鸡公车同往。晤校长金君、教务主任韩君等。此校本设于北平，曰西北公学，旨在培植回教子弟。抗战后教职员携少数学生西来，在成都、兰州各设校一所。回教子弟才六分之一。校中除伙食依回教教规外，他无仪式。今有男女生六百馀。教职员以外省人居多，似不染川省中学习气。又知北平之原校，敌人为之扩充，名曰西北学院，欲以笼络回教同胞也。

饭后待至二时，女生到齐，遂开讲。题曰《中学生之写作》，讲九十分钟。自觉尚畅达，唯嫌粗略。教师听之，以为然者似不少。由校雇车送回茶店子，遂步行至化成桥，又乘车而归。到家天昏黑矣。

灯下略预备明日功课。

## 1941年11月20日　星期四

寒雨竟日。晨起改光华学生文八篇，看一遍而已。文字皆似是而非，若要细改，一天工夫亦不过八本而已。

作一稿，论"非不知而问之询问句"，至下午四时完篇，成二千馀言，将以实《国文杂志》。

风来不耐，只得关门，白日点灯，与墨对坐，各执笔而书。今日未能出外买菜，午餐以菠菜煮饭，晚餐以赤豆煮甜粥。

## 1941年11月30日　星期日

清晨，西方雪山甚显明，作玫瑰色，皱襞（bì）如工细之图画。

上午写篆字，计作两联两单幅。饭后写覆信。覆颉刚一信，言由彼代编《文史教学》事。覆张梓生一信，高晋生一信。又覆丏、伯、村、调，编列第六十三号。

伏案竟日，又感困乏，头胀背痠，手足作冷。恐疟将复作，急服奎宁粉一包。

### 1942年2月26日 星期四

晨起续看校样二十一面。作补稿一篇，题曰《"殊"字的误用》。看光华补考卷四本。作一书致薛观澄，辞光华教务。墨缮抄小学国语第一册毕，为校阅一过。一天光阴，即此消磨矣。

出外观农人捕鱼。现届修堰截水，溪沟水浅，农人车水至极少。用笼兜之，居然得鱼甚多，有大至盈尺者。三官则往捕虾，得半碗。去年颇以此事为消遣，今年又值此时节矣。

灯下写信覆东润。

## 1942年5月12日　星期二

晨起雨已止。八时重复渡江，闻盐尚未装上车，明日行否不可知，颇为怅怅①。午刻与伯宁夫妇同饭，询餐馆可得酒，即斟酒于茶杯中饮之。

因爬坡疲劳，不拟回宿开明，即在海棠别墅开一房间。前临大江，楼下有涧水声，尚可居。余午睡一小时。醒来知汽车已在装盐，明日准可登程，为之一快。据瞿君言，今日有汽车者悉受运输统制局节制，只能装公货。由渝往筑之车有百辆以上，大都装盐。渠等之东家有车五辆，装公货仅够开销，不能有盈馀。此次同行者四辆，除司机及下手共九人外，仅载东家王君一人及余等一行大小六人（两儿为伯宁之儿女），故极宽舒。

夜饭仍小饮。灯下作七绝一首。来重庆后只觉喧嚣不宁，而昨夜醒来，众响毕绝，唯闻雨声与杜鹃声，此境不可不记也。诗曰："终日驰车不见津，滔滔江水未归人。渝州万籁一时绝，夜雨鹃声听到晨。"

---

① 怅怅：失意惆怅的样子。

### 1942年6月18日　星期日

晨起作书寄家中，告决候机回川，到家当于下月上旬。

今日为端午节，对湖菜市人声如沸。清华昨送字条来，邀往乡间一游，兼以过节。八时许与洗翁①、士歇（yáng）偕往。出丽泽门，行于山间，约三四里而至桂馨园。桂馨园者，修炮厂（近改为兵工厂）所在也，占地甚广，不知其几千亩。屋皆散布，不相连属，厂房办公厅而外，又有职员住宅多所，或讲究或简陋，称职员之等级。遥见一住宅中有人招手，则清华与其妹静鹤也。清华小产后已复原，唯清瘦不异从前。静鹤则壮健殊甚，与其姊妹均不类。坐定先吃粽子，继以杂谈，五年为别，可谈者多，东鳞西爪而已。园中合作社为端节宰猪，已宰二十头而向隅者尚多，只得续宰，猪之号叫声不绝。静鹤之夫黄业熊在厂中为技术员，专司检验，往在上海曾于伯祥家遇之。午刻归来，即共饮食。菜皆静鹤所治，尚不恶。饭后仍闲谈。天忽晴忽雨，如下江

---

① 洗翁：即范洗人，曾任开明书店总经理。

黄梅时节，燠热①而闷，令人疲困。

四时后返开明，清华谓下星期日将入城到店作事矣。余遂洗身，洗衣衫，六时完毕。店中亦添菜过节，菜皆几个女同事所治，颇丰。余以午间进食已多，不能多吃，饮酒半杯，吃饭半碗而已。与洗翁在楼廊乘凉闲谈。八时就睡。

---

① 燠（yù）热：炎热。

### 1942年7月3日　星期五

晨出剪发。归后取郭沫若所译屠格涅夫之《新时代》为遣。思归程不知在何日，究以何种交通工具而行，心至不宁定。饭后仍午睡两时。起来续看小说。

傍晚应熊佛西、蒋本菁、萧铁（蒋、萧系经营书店者，未详其店何名）三君之招，至功德林。同座有柳亚子父女、雁冰、洪深、春台、胡风及安娥女士。洪深多年不见，彼此共言消瘦矣，然其谈风之健仍如曩日。素菜甚佳，共饮颇畅。向柳无垢女士约得翻译小说一篇，供《中学生》用。

八时归。九时睡。臭虫肆扰，久不成眠。方得矇眬而忽传警报，看表方两点。遂独往文供社，月光下照，诸山生辉，人群如流水而余厕其间，宛然梦境也。在彬然室中小坐，彬然令余洗面。坐一时许，警报解除，仍踏月而归。

## 1942年8月9日　星期日

上午作《国志》稿一篇，系取老舍所作《济南的冬天》而解释之，为选读之范文。凡千五百言。

午睡起来，写信覆红蕉，丐翁，又致书伯祥、雪村、调孚三人，编列蜀沪第六十八号。因浙省战事阻梗，不寄上海信者将四月矣。今邮路渐通，或可于一个月内寄达上海。

晚饭后，蚊虫群飞，不堪其扰，早睡。

## 1942年8月13日　星期四

昨夜大风，势如奔涛，继以雨，今日仍不克入城。

竟日伏案，改墨所作注释。起立闲散，则抱三午逗之笑乐。此儿已知人意，笑颜相向，则亦嘻笑，有时且格格作声。

## 1942年9月11日 星期五

清晨往华西坝访子杰，遇之于途中，立谈有顷。渠言教育馆人人想走，几乎溃不成军，言下怅然。承告我老舍寓附近侯宝章家。

老舍来蓉，固已知之，而不悉其寓所。今既闻知，即往访之。相见甚欢，因八时渠有学校邀往演讲，约明日小饮。同时识侯宝章君，在金大为病理学教授，喜集书画，壁间挂纪晓岚条幅、齐白石花卉，皆可观。辞出时，遇小墨所从服务之郑集君，承侯君介绍，与之识面。

遂返陕西街。叔湘来，谈作稿事，甚惬。既而三官来，与之偕洗翁同往公园游行一周。

午刻小饮。嘉禾来，谓顷往余寓居，远道相存，意殊可感，但未能多谈。缘洗翁请章胡两家并余父子二人看电影也。影片为卡通，题材为《小人国游记》，绘制甚精。唯余久已不入戏院，出来殊疲乏。

朱启贤来，云即将去重庆。余约其以后日来我家小叙，前数日并曾与泽芝、元瑸（bīn）诸君相约也。

夜饮后打牌，九时完毕，与洗翁谈有顷，即睡。

## 1942年10月11日　星期日

仍疲倦，未作何事。

小墨借得一照相机，以九十元买软片一卷，今日天晴有阳光，为大家拍照。三午拍最多，将选其佳者分赠亲友。母亲拍两张。墨与余合拍一张。

小墨、三官往青羊宫赶场，买米五斗，每斗一百一十元矣。木柴一捆，亦一百数十元。物价之贵，时时开新纪录也。

灯下写一信与佩弦。屡寄数信，未得其覆，故促之。

### 1943年1月28日　星期四

与三官人城,至陕西街接洽杂事,看信。在雪村家吃饭。

二时离开,观张大千①画展于美术馆。张之山水颇苍凉,临摹敦煌壁画造象,工致绝伦。渠近在敦煌,诸幅皆敦煌所作也。观画展已多,如此满意者盖寡。

购杂物而归,买徽县大麯(qū)一瓶,与墨对饮一盏。

---

① 张大千:原名正权,后改名爰,字季爰,号大千。中国近现代国画家。

### 1943年7月31日　星期六

晨与二官三官入城,访孟实于小南街,坐半小时,约下午六时在雪舟家小饮。遂至陕西街,告雪舟,雪舟即买菜亲手治之,一以省费,一求可口。

午刻,余与两儿食面点于回春园。食毕,两儿往观电影。余回店中闲坐,小室闷甚,精神昏昏。

四时后,章嘉禾来,谈前月鄂西之战,渠往参战经过,甚令人神往。渠在轰炸机群之领队机中,专司通讯,负责甚重。飞行高度达一万五千英尺,下望高射炮火,历历可见,其时神经紧张极矣。此一战役若无空军参加,非但不克致胜,且川东有受威胁之虑。

六时过后,孟实与欣安、中舒偕来,即开饮。雪舟之菜皆精,大家称美。七时半散,孟实、欣安二兄明后日即返乐山矣。

余与二官三官步行至新西门,乘小车而归。小墨仍不见到,亦无信来,大家甚念之。

## 1944年7月28日　星期五

续看《史记注释》。

明日将宴少数朋友，今日整治室内，拖地板，刷窗子，全体动员。大家疲甚。

看报，苏联军入波兰，将趋华沙。似将来先抵柏林者，当为苏联军队。我衡阳方面守卫已月馀，仍在激战。昨日克耒阳，究竟双方势力如何，报纸所载亦殊难明。

今日买黄酒十斤，预备明日请客，今夕先饮之。小墨买回西瓜一枚，全家分食之。不尝此味已两年有馀矣。

### 1945年6月24日　星期日

晨间热度已退净，起来尚觉疲软。

检点"少年"第二期稿，大体已齐，只待略事补充，即可成编。于是先写定目次，以便缮抄。

午后二时，至祠堂街华记餐厅，出席雁冰五十岁纪念茶会。到者八十人左右。药眠主席，余略改辞，颇感吃力。

四时半散会，与白尘翔鹤诸君茗于少城公园，天翼亦在。渠来蓉休息些时，身体已转好不少。承告谓余之小说，渠往往读之数过，以为深入生活。余闻而愧甚。茶散，诸人聚餐于宴宾楼。八时归，今日倦矣。

### 1945年9月2日　星期日

日本今日向盟国正式投降，由其新任首相东久迩签字，仪式在美国军舰米苏里号上举行。各盟国宣布世界第二次大战至此告终。我国定以明日起，三天为庆祝日。

饭后至《新民报》馆访楷元闲谈，渠言在汉办报，内政部登记不易，尚须徐徐设法。因而离蓉之期未可早卜，由何文龙先往重庆打干云。

至春熙路买杂志数种而归。赞平来，留之共饮。谈还乡之期及在乡闲适情形，共为设想，未知究何日实现。

## 1945年11月3日　星期六

晨起，写邀请各界人士参加座谈会之信稿。

晓先来，邀墨至其李家沦小住，与其夫人闲谈。墨遂往，乘毛纺织厂之自备小汽轮，据云甚为舒适。

前数日有《扫荡报》之编者来访，言该报将于本月十二日改名《和平日报》，嘱于为文。今日执笔，就"和平"两字发挥，至午刻得千馀言，未完。

饭后到店，得硕丈信，仍居黄埭（dài），健好。看"中志"九十三期之三校，毕。

乘车至两路口，看子恺①之漫画展。子恺兴致甚好，此间展览毕，复将往北碚。所陈列者皆小幅漫画，非卖品，人收门票一百元，两日之数已达二十馀万，生涯颇不恶。时局不好，道路难行，暂不考虑东下，子恺与余同。渠云他日或将住北平，缘其儿女或任事，或读书，皆将在北平云。

五时半回家，独酌，吃牛肉面。

---

① 子恺：即丰子恺，原名丰润，中国现代书画家、文学家、散文家、翻译家、漫画家，被誉为"现代中国最艺术的艺术家""中国现代漫画的鼻祖"。其绘画师从李叔同，国文求教夏丏尊。

### 1946年1月9日　星期三

六时半开船。入巫峡，山形似与昨所见有异，文字殊难描状。水流时急时缓，急处舟速不下小汽轮，缓处竟若不甚前进。舟人言巫峡九十里，行约三十里，风转急如昨日，且有小雨，船不易进，复泊岸。

左边连峰叠嶂，以地图按之，殆即是巫山十二峰。以画法言，似诸峰各各不同。画家当此，必多悟入。而我辈得以卧游巫峡，此卧游系真正之卧游，亦足自豪。

泊舟二时许，再开。行不久，泊碛石。地属巫山县，系川鄂交界处。我店另一舟先泊岸，我舟在后数百丈。忽见彼舟之人纷纷登岸，行李铺盖亦历乱而上，疑遇暴客。舟人见此情形，断为船漏。及靠近问询，则知驾长不慎，触岸旁礁石者两次，水乃大入。此驾长好为大言，自夸其能，而举动粗忽，同人时时担心，今果出事。犹幸在泊岸之际，若在江心，不堪设想。于是众往抢救行李与货品，亚南、亚平、小墨、三官、两邱君皆颇奋其勇力。书籍浸湿者殆半，非我店之物，而余与三官之书则有三四包着湿，即晒干可看，书品已不存矣。逮货物取出，水已齐舷，下搁礁石，不复沉。

乡公所派壮丁七八人看守货物，且为守夜。舟中之人则由乡公所介绍一人家，以屋三间留宿。晚饭后商量善后，决依船主之意，破船修好再开，唯不乘人而装货，人则悉集我舟，且到宜昌再说。乘舟十馀日，意已厌倦，又遇此厄，多数人意皆颓唐。唯愿此后一路顺利，不遇他险耳。

今夜余守上半夜，倚枕看谷崎润一郎之《春琴抄》终篇。篷上淅沥有雨点，风声水声相为应和。身在巫峡之中，独醒听之，意趣不可状。

1946年2月10日　星期日

晨起食蒸糕，亦久已未尝。九时，与墨及小墨三官乘电车至外滩，事事重温，皆觉新鲜。而墨下车后，步行于车辆驰骤之中，趋避颇感生疏。余因省觉，以后决不能令其独自外出。

自外滩经白渡桥，入虹口区。达三角小菜场附近，沿路出售日人旧货之地摊栉比，较之汉口，尤为大观。选购磁器漆器若干件，以供家用，皆较江西磁可爱，而价特廉。又购小皮箱一只，日人和服二件，可改作被面。墨以行步疲乏，忽滑跌一交，幸未受伤。余益觉不能独出之念为有理，以后须随时留意。

遂以人力车至北四川路虬江路口，自永丰坊入祥经里。我店于里中租定房屋六幢，曾出巨大顶费，即分租与同人。洗公先迁入，彬然、锡光、绍虞、欧阳小姐等亦已认定地位，从事布置。彬然等所居一幢为日本式，门窗橱障，俱精巧有致。派定余家所居者尚有人居住，一星期后迁出，因未往观。

在洗公处坐定，未几，调孚、达君、伯祥相继至。遂共饮。店中之事，缓日再谈。

饭罢，墨先归霞飞坊。余与伯祥、调孚、小墨、三官循虬江路西行，日本旧货摊满地皆是，贩卖者选购者纷纷，路为之塞。越淞沪铁路，折至宝山路南行，经河南路，至福州路店中。一路似无甚可观，热闹情况且胜于八年以前。我店店面移在原店面之东，仅有一间，殊不壮观。办事部分则即原店址之后进，旧为栈房及宿舍者。调孚导观二层楼及三层楼，指示某座系某人之席，人多屋窄，颇见拥挤。行路已多，颇感力乏，遂坐定休息。

五时归，我妹仍为余具酒。九时就睡。

## 1946年7月25日　星期四

上午改文数篇。

饭后，仲华来，言陶行知先生今晨以脑充血逝世，闻之愕然。前日之夕犹与晤面。陶坐一椅子上，未甚开口，精神似不佳。近日上海盛传黑名单，某人某人将被杀，而陶居其首。今突以病死，真将为仇者所快，而同气之人益深悲痛矣。

一时半起，开编审会议。继开四杂志联席会议。继开二十年纪念筹备会议。

今日又闻何柏承先生之噩耗，患肺病，没于昨夕。何本任暨南大学校长，战时内迁，备极辛劳。最近调长英士大学，意颇不快，当为增病之一因。

## 1946年9月27日　星期五

竟日作注释。

上午雨甚大，下午放晴。放工时走出，路上积水处处，公共汽车电车一部分停驶。几年以来，浦江失浚，沟道失修，每逢急雨，即复如是。现在之工务局，办事效能不及租界时期之工部局，恐未必能整顿如旧也。

夜间，臧克家[1]李长之来访。李系初见，谈半时许而去。李将往北平，任教于师大。

---

[1] 臧克家：中国现代诗人、作家、编辑家。

### 1946年10月13日　星期日

上午九时，到玉佛寺，参加弘一大师①纪念会。与会者各携大师墨宝，张挂于一室。小墨陪夏师母携大师赠丏翁之写件二十种来，为出品甚多之一员。张挂毕，琳琅满壁，无一不精，如是展览会，实不多觏②。寺中以所藏佛教史地方面之书志，及各种画幅石刻，另辟一室陈列，借以弘法。参观者渐渐来，以预在报纸刊消息，爱慕大师者故来赴。

十一时，明远同学会同人集体行礼，明远诸人固皆大师之同事与学生也。午刻，同学会同人素斋聚餐。

午后一时半开纪念会，余为主席。商定以后进行方针，其原则为刊行遗墨，扩充纪念图书馆，建造纪念塔，明年需编一纪念年刊诸项。五时，收去展览各件，散会。

窦老居士邀至其家一叙，同往者夏师母、祖璋、稣

---

① 弘一大师：即李叔同，著名音乐家、美术教育家、书法家、戏剧活动家，是中国话剧的开拓者之一。曾任教师、编辑，后剃度为僧，法名演音，号弘一，后被人尊称为弘一法师。
② 觏（gòu）：遇见。

典、王君。窦居士全家吃素，特备精美之素斋饷客。至八时半散归。

今日颉刚以新生女孩满月请客。余未能往，墨独往。到家时，墨先归来矣。墨以连日疲劳，又略饮酒，午夜胃疾复发，至于呕吐。

## 1946年12月2日　星期一

到店只作杂事。午后买棉鞋一双，三万二。李桦来，携所作水墨画，选其数幅作"中志"之封面画。开人事会议。

傍晚到工商专校，先进面点。授课不甚有劲。苏渊雷君以所作《东归诗历》见贻，粘之于此。

## 1946年12月31日　星期二

竟日作注释。身体仍不舒。

傍晚，全店同人及家属聚餐于一家春，为辞岁之会。凡十五席，热闹云甚。去年岁除，我等在东归途中，上海宴会止有三席。时越一年，而扩大至五倍，亦可欣也。餐毕，小教联戏剧组应邀为演话剧。剧名《荐头店》，皆女角，尚可观。戏毕到家，已十点过矣。

## 1947年4月6日　星期日

上午看报。作一词寿振铎，写于纪念册上：

"今日为君举寿觞，不宜老友漫称扬。照人肝胆情犹昔，五十之年鬓未苍。

翻旧简，出新章，共欣文史得津梁。精修笃学长无懈，伟绩他时讵易量。"

午后，至南京戏院看电影。片名《南方人》，写美国南方农民生活，颇有写实味，与一般美国片有异。

五时半，至会宾楼，诸友为振铎祝寿。到六十人，五席。九时散。

### 1947年8月25日　星期一

写覆言，看来稿。下午，讨论字典之编辑，决定着手办法若干项，准备即日动手。

七时，至杏花楼。丐翁之次孙弘奕订婚，邀余为证人。女姓陶名瑾，常熟人，现为小学教师。到者有质均、守宪、陶之父母兄，及弘奕之母。盖印后进餐，一席费至一百二十万元。十时归。

今日得雨数场，渐见秋凉。

### 1947年8月31日　星期日

天气仍热，竟日未出。续看《约翰克利斯朵夫》，写主人公少年时期，觉渐入佳境。夜听广播昆曲。

小东儿已能够移步，掣其两臂，两腿甚喜搬动，此是二三日内事也。

## 1947年11月2日　星期日

天气暖晴。上午看《约翰克利斯朵夫》。

与小墨芷芬携三午白龙至怀恩小学，晤其校长，告以两儿年龄尚幼，不胜任小学一年级之功课，宁愿退回幼稚班。校长允之。此不特两儿心慰，两家之大人亦复安心。自秋初开学以来，两儿各有课本五六本，练习本十馀本，外有铅笔、毛笔、墨、橡皮等等零物。两儿不能自己照料，往往遗失，回家则先之以哭泣，非补购不可，几乎每日如此，平均消耗五千元一天。抄书、剪贴、习字、算术等事不能自为，则由大人为之帮忙。而自教师视之，程度仍不合标准。最近得学校之成绩报告书，两儿皆有五六门不及格，对三午之评语为"品学俱劣，屡戒不改。"余回批其上云，"不能同意，尚宜善导。"教师见之，询女佣阿琴云，"此儿家中人殆全是神经病耶？"如此教育，实无意义。徒以三午在家讨厌，满子必欲托之于学校。小墨能陪三午玩，但无其时间。今出于下策，退回幼稚班，亦勉强足以慰藉。下学期自必另换学校矣。然他校亦未必胜于怀恩也。

午后，仍出外洗浴。回家后发现收音机之旋钮有障碍，不能旋上旋下，凑合周波。因拆开检之，希望修好。但病原虽察出，修治则不能。忽肝阳上升，恶心头昏，遂就睡。未饮酒，亦未吃夜饭。八时始无恙，吃饼干数片而睡。

### 1947年12月30日　星期二

竟日校《中国作家》校样，仅校三十面光景。下午开经理室会议，讨论改革薪给制度。

六时半，偕彬然驱车至王天一家，为杂志界同人之聚餐会。九时半归。

### 1947年12月31日　星期三

续校《中国作家》。伤风甚剧，头昏，恶心，未进午餐。午后懒，未作事。

入夜，明社开辞岁晚会，或谈说，或歌唱，甚有味。继之猜灯谜，系雪村、伯祥、均正、调孚、彬然、小墨六人所制，有颇佳者。店中备年夜饭，达君加馈八宝鸭与蹄子。食毕摸彩，余得《普希金文集》一部。此书已由戈宝权君赠余，因转赠于店中图书馆。

### 1948年3月27日　星期六

上午到店写信数通。

十一时，偕小墨往车站，与朱光暄君，及张无垢、陈守勤、卢潄玉三小姐同行。卢返其家，朱陈张三人则到苏州春游也。车票由张沛霖托人代买，不须挤轧，登车甚早，得坐颇适。

车以一点五十分开，四时后到苏。雨渐下，穿雨衣步行入城，与其他四位分别。路滑，举步不易，到观前，觉累甚，乃与小墨就宫巷中一家小酒店小饮。余欲重温少年时代买醉之景，而酒人殊寥落，提篮卖小菜者亦稀，颇非当年之景象。或者我辈入店太早耳。而苏地中产者之没落，不复能过悠闲之生活，必为其因之一。

酒罢已暮，至幽兰巷，探钧硕圣南之家，数问而后得之。他们候我等不至，正在疑怪，为说明小饮延时，乃恍然。其家甚宽适，房间大于上海房子一倍。有一轩，三面玻窗，窗外为一大花园，卉树甚繁，夜黑不能望见。谈有顷，即就睡于轩中。窗外雨声颇密，念明日上坟，希其速止。

### 1948年3月28日　星期日

晨起雨未止。开窗望花园，知花树几无所不有。桃花已谢，杏花将落。梅棠数树，繁蕾已垂。牡丹亦有蕾。余心爱树木，一一观玩之。

念此来为上坟，虽下雨，非去不可。因与小墨出胥门，登开往洞庭山之轮船。客甚挤，进早点，买小食，纷纭不休。船以八点二十分开，约行四十分钟，至石湖边杏春桥，余等上岸。冒雨在上方山麓行，至于仁湾，访至坟客朱家。余所知朱心香一辈皆已亡故，今所遇为其子二人，其侄一人。到坟上观看，石栏颇有损坏，驳岸之石几已无存。如此坟工，略加整理即所费不赀。且整顿坟墓，余亦以为无多意思，且任之耳。酬坟客以一百二十万元，足足十年未曾上坟，酬以此数实不丰也。

请坟客摇一无篷船，送我等返杏春桥。雨中过石湖，烟波浩渺，亦有别趣。入石佛寺，寺无人。幼年上坟，每到此一观，其时未亲岩壑，见此亦觉新鲜也。

循塘路行，至于横塘。候苏福汽车过，登之，回至胥门。即步行返幽兰巷，则硕丈已自黄埭来，清健犹昔。钧硕为余等估酒十斤，谓须由我父子二人包办，乃饮酒，圣南妹治馔①甚忙。饭罢小休，侍硕丈出行。先至怡园，其中破败不堪，假山仍旧，而亭榭卉木皆不如昔。世界已变，此种文化必当淘汰矣。遂至悬桥巷九如吃茶。其处多棋局，硕丈入城恒来此观奕。余因告小墨，此悬桥巷为余出生之地，此九如茶馆，余幼年即有之。坐约二小时，乃归。旋复饮酒。

晚晴，明日当可不穿雨衣矣，九时睡。

---

① 治馔：备办酒食或烹饪。

## 1948年8月13日　星期五

晨，彬然在晒台上相呼，言顷见报载，佩弦于昨日上午十一时后逝世矣。呜呼，三日来唯惧传此消息，而今果然，默然无言。

范泉来信，言其《文艺春秋》于十七日出版，乞余赶作一文，记佩弦之死。意不可却，即为动笔，至下午而完篇，仅二千言。所言皆不精当，未能尽佩之百一也。《大公报》记者来访，询佩之生平。

夜间，臧克家杨慧修二位来，亦谈佩弦。导之访天翼①，谈一时许。

---

① 天翼：即张天翼，中国现代作家，代表作有童话《大林和小林》《宝葫芦的秘密》等。

## 1948年10月1日　星期五

今日起钟点拨慢一时。

七时半至车站，应高祖文之招游苏州，同游者振铎[1]、予同、辰伯、黄裳。至则诸君几皆先到，唯予同未来，不久亦偕许杰同来。许在社会学院执教，今日往上课也。

车以十点半到苏，高之夫人及其友人许显民女士在站相候。许为商营汽车公司之经理，备大车一辆，载全体迳[2]趋木渎。先往观韩蕲（qí）王碑。幼时观此碑，屹然立灵岩山下，不知何时倒仆，碎为数块。今以水泥为框，碑端与碑文并立，碑文几全不可认。上有萧蜕篆书题字，记乙酉年，则民国三十四年也。赑屃之头已断，头没草间，黄裳拾一小石块，系青石，断为此碑碎块。

于是入木渎镇，至石家饭店。此店以于右任"多谢石家鲃肺汤"一诗得名，二十年来，游人争趋之。余等

---

[1] 振铎：即郑振铎。中国现代文学家、社会活动家、文物收藏家、鉴定家、考古学家、藏书家。

[2] 迳（jìng）：至，往。

此来适得其时，正有鲍肺汤，然此汤实无甚好吃。其他菜肴均佳。全体饮酒四瓶。

遂以肩舆上灵岩山。男女农人竞抬肩舆，纷扰殊甚。余前未乘此，觉颠荡殊甚，损于西南之抬滑竿者多矣。观印光法师塔院，观寺之大殿及殿旁花园。后然从后山下，逦趋天平。自高义园登山，憩于兼山阁，品钵盂泉，此处余于小学二年级时初到，觉其幽静，意识界一新。今来仍觉甚佳，确有山林之趣。同游者亦赏叹。听空中鹞（yào）鹰长鸣，悠然意远。

四时半下山，从灵岩山麓行，仍至木渎。于是乘车入城，抵观前吴县县银行，晤吴觉民君，亦祖文之至友也。重复宴饮，肴精而丰。许杰偕马荫良及社教学院其他二教师来访，相与对饮，又尽酒六七瓶。

振铎黄裳欲访书，而护龙街书肆已关门，叩之都不应。于是至景德路汽车公司总所，许女士将其经理室设榻容我等睡。室甚精洁，唯有蚊虫少许，余两臂起块几满，以是未得好睡。

### 1949年1月23日　星期日

北平和平解放已谈妥，政权交与共方，国民党军队于一个月后改编。此为局部解决开一先例，各地若能仿此，则可省若干无谓牺牲。南京派出和平代表五人，以邵力子为首，候共方约定地点即往商谈。此在共方言，或未必接受，以其不顾毛所提之八条件也。

上午写信寄上海。彬然购一椰子，饭后剖食之，其汁尚可口，而甜味不浓。此生平初尝也。

午睡有顷。渡海至大华酒家，应曾昭抡（lún）夫妇、朱智贤、严希纯四人之茶会。到者将二十人，中有马季明、卞之琳。马任教于香港大学、卞新自英国归来。五时散。

夜应伯昕、荃麟、陈原等之招，宴于红星酒家。座皆熟友，谈出版编辑方面事。十时半始散，疲矣。

### 1949年9月23日　星期五

上午至北京饭店，参加小组，讨论国旗、国都、纪年之问题。国旗系公开征求，应征者甚众，选出三十馀幅，彩印分发与全体代表，于今日分组讨论。余之一组之意见，多数赞同首数幅，即红旗上缀一黄星，又加一条黄条纹者。黄条纹象征黄河，示我国文化发源于黄河流域，为我国之特征。究竟采用何式，尚待综合各组意见，反复详究而后定。至于国都，一致赞同定于北平，改北平之名为北京。纪年则一致赞同用公元。

下午三时，仍至怀仁堂参加全体会议。今日为各单位首席代表发言，凡十八人。其演辞均分发，发言者照诵一过。六时散会。

1949年10月1日　星期六

清晨至会中，主持升旗礼。大殿前原有一棋杆，全体同人东向立，唱国歌，注视国旗上升。余致词，即以前日录音之稿口讲一遍，似尚动听。全体合拍一照片，墨适以伤风头胀，未来参加。

十时半，驱车至车站，欢迎苏联来之代表团。缘明后两日世界拥护和平大会中国分会将开成立会，苏联特派代表团四十馀人来参加，以作家法捷耶夫与西蒙诺夫为团长。据云如此之代表团尚为少有，不可不热烈欢迎。十一时，火车到站，乐声欢呼声大作。代表团下车，欢迎者围之数重，主客演说，互为翻译。余退至外围，与望道闲谈。既散，至北京饭店，在雁冰室中憩坐。

今日天安门及东西长安街断绝交通，因开庆祝大会故。候检阅之军队以昨夜进城，歇于东长安街两旁。参加各单位八时即出发，各按指定地点就位。此为余凭栏之所见。

二时半，驱车至天安门后，登门楼，凡政府委员及政协代表皆登楼。凭栏而望，群众之盛，红旗之密，颇有壮观。据人云，此广场比莫斯科之红场更大也。

　　三时开会，升国旗，鸣礼炮，奏国歌。于是主席副主席政府委员就职，主席发布公告国内外之文件。继之阅兵。有海军陆战队，又有飞机飞空，海陆空俱备矣。阅兵历两点半钟。继之群众队伍游行，自五桥前分左右而行。所携之纸灯皆点燃，或则持火炬，殊为大观。五彩高射花炮齐发，亦殊可观。如此场面，如此意义之盛事，诚为生平罕见。

　　群众行两时许，尚有三分之一未动。遂归，到家方九时。估计今日到场之人数当有十五万云。

　　元善随余归，即共饮。大家兴奋，饮甚欢畅。云彬言可作文记之。余谓文字之用有限度，如此之光景，唯有五彩电影可以摄其全貌与精神，文字必不能也。

### 1950年10月9日　星期一

上午，少数人会谈，讨论商务印书馆业务改进委员会之组织与人选。华东出版局、上海出版处合推三人，由商务董事会聘请，参加此业务委员会。其中一人为万国钧，将以委员名义，实际上助谢仁冰处理一切，改进各项。又议及编辑之主持人，有两说，一说以乔峰主之，一说以陶孟和主之，助商务整理旧书，另出新书。究竟如何，尚待各方商洽。然必须旧有班子为后盾乃可，否则无论为周为陶，均不生效也。

下午，柳湜来，人民教育出版社筹备会开成立会，议定各项，即报告教育部与出版总署。办公室暂设于我署，教部有十人来参加编辑工作，不日即可来治事。吉少甫为经理部主任，于强与芷芬副之。造印教本，供明年春节应用，即日当开始矣。

## 1951年4月1日　星期日

晨八时到署，我教科书出版会议之全体代表与各大行政区各省之文教当局开座谈会，意欲促进其注意，使明晓教科书之出版发行皆其分内应顾之事，必须随时督促协助，乃可使学生有书可读，教育得以进行。而各地行政当局连日开中等教育会议，已甚疲惫，昨夜又参加晚会至两点始散，致来者无多。候至十点，仅来华东、中南、西北、西南四人。彼此报告情况，互表意见，自于出版发行有所助益。尚须由中央教育部多所指示，乃可收我人预期之实效。会以十二点半散，即在署中共饭。

### 1951年7月22日　星期日

晨至北海公园,坐漪澜堂啜茗,续作标点符号之说明。初甚安静,既而游客纷至,人声嘈杂,不复能思索,遂离去,仅得稿一页半耳。

午后,芷芬来谈。傍晚张贡三来,仲仁来。待九时客去,余重行作稿,至十一时,全稿完毕,凡二十多页,题名《标点符号用例略说》。

### 1951年7月23日　星期一

整理昨夕完成之稿付抄。

九时,开小组长联席会,由灿然作报告,谓学习宜更求深入,已交代者期其彻底,心存顾虑者期其澈悟而交代。于今后小组长宜如何工作,提出办法颇多。下午,少数人来谈,亦无非关于学习之事。

## 1951年10月19日　星期五

上午参加语文组之组会。分初中、高中、小学三部分而为讨论。初中方面，彻底修改第一册，馀五册则择要而修改之，以后再彻底修改。高中方面亦然。小学方面，力量多用于新编第一册及其教授书，如有馀力，酌量修改旧本。即此数点，讨论亦延长至三时有半。

下午二时，至首都大戏院，参加鲁迅先生逝世十五周年纪念大会。会以四点半散，甚紧凑。余仍返署，与宗熙、同新二位就自然课本之校样再加修改。夜间，与至善共改自然课本第二册。至于十一点过，仅改二十页，尚算顺利也。

## 1952年2月25日　星期一

上午九点，编审部开部务会议。余报告今届印制秋季用书，新编及改旧凡九十一册。今已发交印刷所者不逮半数，恐今秋及时供应又将感其局促。次讨论四事。其一，定稿发稿之程序，决经各组讨论后再行决定。其二，各书之度量衡用公制抑米制。其实公制与米制均为公制，所不同者名称之表述而已。结果多数主张用公制，唯物理化学组谓物理书用公制有不便处，且俟再商。至此已午刻。

一点半起续开会，讨论第三事，书中数目字应用何种字体。大致决定叙述语依照语言，书写汉字，统计数字及计算数字则用阿剌伯字表之，细节俟再商定。第四事为成立检查科，于新编教本须加检查乃可发稿，以期减少错误。已自总署调来朱光暄君主持此科，此外尚有二人，殊嫌单薄。共商再调二人充实之。此事为新创，未必遽收大效，然及今发足，乃可积久成佳绩也。

返室，安亭、仲仁共商开一单子，告教育部我社编审部工作人员几人有家属，几人为单身，俾（bǐ）得为我们设法宿舍。若宿舍有着落，则编审部即可自总署迁入教育部矣。

### 1953年8月9日　星期日

晨间开始看《牛虻》，此系英国女小说家之作。我国青年见奥斯特洛夫斯基与卓娅皆盛称此书，又见高尔基亦加赞赏，乃投函各方面，希望迻译印行，余处亦收到投函。余与雪峰商之，雪峰云待觅原本。而中国青年出版社先得之，即托人迻译。因闻余言此类书既必风行，不第影响青年之思想，亦复影响青年之语言，译事不可草率，逐屡改译稿，审校再三，延至今日方出版。

### 1953年8月27日　星期四

上午看初中外国地理稿。继看高中化学稿，下午到社，仍复看之，看完交来之稿而止。看得太多，颇感疲乏。

## 1953年12月27日　星期二

晨八时至善即回来，青年出版社三同志迎之于车站。小孩欢腾，大人谈话交错，颇有远客归来之景象。至美来，既而芷芬来。午餐尽酒两壶。

三点后，余入睡一时。起来作游记毕，全篇十一纸，题名《有临潼》，付《新观察》。

## 1953年12月29日　星期二

始作第三篇游记，记在西安看戏。作家协会女同志韦君宜来，言将出一种指导文艺阅读创作之浅近杂志，于明年四月出版，以计划相示，嘱提意见。谈半时许而去。

下午三点，至天坛疗养院访蒋仲仁，坐一时许。渠割去肋骨而后，现已无大痛楚，手臂运动亦胜任。谓下月间可得医生许可出院。一病一年有馀，亦殊难忍矣。

### 1954年1月6日　星期三

上午续看丁君译稿十馀页。开始作第四篇游记，记羊皮筏、雁滩、兰州瓜果等项。

下午之学习会仍为漫谈。总路线之学习将延长至二月底而止。

### 1954年1月10日　星期日

晨起续完前数日所做之游记，全篇不足四纸，题目《坐羊皮筏到雁滩》，明日将送与《新观察》社。作游记已四篇，合计之亦有一万六七千字，为时不过二十五日，亦为难得。今年当可写稿十万字，此目标甚低，宜可达到。

### 1954年4月18日　星期日

早上全家早起，整理收拾，一片忙碌。九点以后，客陆续至。余家容纳不下，则分于我妹屋中与王成屋中。至午刻，统计来客及我家老幼共六十六人。设六席，开筵会餐。我母七十岁在上海汾安坊，亦尝宴客，大半皆今日在坐之人，然作古者亦有数人。八十岁生日在成都陕西街，客为另外一批。今九十岁则在北京。二十年间，我国变化綦大。

共谓至于一百岁则已在第三个五年计划时期，景象之光辉灿然必更有不同。宴毕已两点过，坐于庭中闲谈。招摄影师来，与诸客合摄一影。四点，客始去。我母已惫，即入睡，未进晚食。余亦疲，入睡一小时许，起来仅小饮而已。

## 1961年5月10日　星期一

晨起甚早，缘有饱观三峡之兴。约七时半入峡，凭阑而望，应接不暇。滟滪（yàn yù）、瞿唐不知于何时经过。闻说炸去险滩多处，亦不知所去者何滩。唯夔门确能辨认。高壁临江，诚为壮观。巫山十二峰无人指点，亦不知孰为何峰。余以为不知名固无妨，第观山川气势，即为眼福。高峰下腰划线一痕，细观之乃是凿山填平之路，有人行其上。画家常作蜀山行旅图。此乃真图画矣。左右山脚错互，望之如将碰壁。航向一折，前路复开。远观似窄甚不能过，及近则尚宽，可容三舟并行。山根之石，形态种种，殊可观玩。或如枯木之纹理，或如叠卷帙，或如列镞（zú），或如和豆之蒸糕，可谓难以描状。巫峡之山多洞穴，瀑布所经之道作白色，当是石灰岩也。大概近日少雨，万道流泉，仍未之见，憾惜与前两回同。峡中之山，低处多种麦，坡面有极斜者。麦已黄熟，界画成块，望如和尚之袈裟。

将出西陵峡而下雨。峡中风甚大，扑来令人作呃，出峡后风仍肆。午后两时半到宜昌，登船离船之旅客皆满身淋漓。既不便眺望，则偃卧作诗，得《出峡》一律："俯仰周旋殊不遑，峰姿江势变难量。树荣叠嶂连云碧，麦熟层坡铺绣黄。人力既施滩失险，浮标遍设客安航。往时两度经三峡，意兴都无此度长。"

午餐晚餐均在室中小饮，舟中特为我人供黄鱼咸鸭，饭则易以馒头，如此照顾，甚为可感。

入夜雨益大。九时许泊沙市，我人已入睡而醒矣。

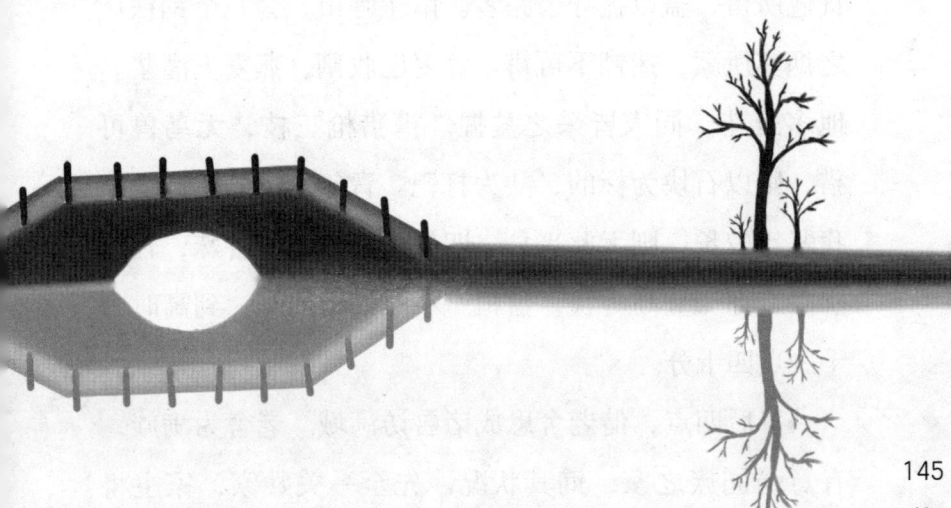

### 1961年9月10日　星期日

上午登大青山。车行二十公里而止。于十二公里之处始登山。山上之树木，过去砍伐殆尽，谷间冲刷之痕显然，蜿蜒而下，如长蛇。解放以后虽历年植树，似成长不快，四望仍多草而少树。据云山之背面即有树木，殆以不便砍伐，乃获保存也。我人停车处为公路之最高点，公路北抵武川。其处路旁有一钢骨水泥之掩体，系日寇所留，盖以扼守公路者。南望呼市，为几个钢铁厂之烟雾所蒙，迷糊不可辨。荞麦已收割，燕麦方灌浆。地多野花，同人皆采之盈握。携猎枪三枝，无鸟兽可猎，则以石块为标的，共为打靶。青年人固乐于活动，我辈年较长，则无此兴矣。四望山峦，浓淡各殊，轻风拂襟，亦为登高一快。盘桓一小时许即回车，到寓时为十一点四十分。

午后四点，偕老舍思成诸君访满城。老舍为满族，有意访同族之家，询其状况。先至一关姓家，家主将六十岁，在某医院为园艺员。此君之子女皆有工作，妻为蒙族，媳妇中有汉族，可谓民族家庭。极言苟非解放，生活决不能如今日之美满。其居屋之布置格局，全为北京旧式，老舍对之似颇有怀旧之情。关君出其曾祖所遗之盔甲相示，盔为铁壳，甲分上身下身，其背面缀长方形之铁片，举之相当重。余思御此盔甲，当非低级军官，究属何级，关君亦莫能言也。次至另一家，仅遇一妇人，忘其姓。其夫解放后得工作。子女四人皆为学生，长者即将毕业于医学院，且将结婚，最幼者为小学四年生。妇人自叙境况，不能掩其内心之欢快。所居正屋两间，云是二百年物，盖当年派与旗兵居家者。满营内如此房屋尚颇有留存者。

夜观电影，皆内蒙制片厂之记录片，叙内蒙各地之新貌。余于盐池碱池深感兴趣，取之不尽，用之不竭，第须交通运输更发展，则其用大显矣。

## 1976年1月15日　星期四

晨间由永和陪往首都医院，盖约定之日期为今日。王大夫言上颚右侧二大牙按理须拔去，但以余之年龄则可商。既而谓余，今姑装上假牙，如装上之后二大牙有何问题，则再作考虑。余谓此最妙。于是调料作模子，上下各一块。约定二十四日十一点再来，试所制之假牙。

乘便往视林老。林老咳嗽，睡眠不佳，胃口差，形容颇见憔悴。其女其幼子及保母皆在侧。坐约二十分而出。

周总理追悼会于下午三点在人大会堂举行。通知云须于两点一刻到达，而余于一点三刻即到达，先余而到者已不少。会场设于大会堂北门内之大厅中，此大厅之上一层即宴会大厅。先坐于大厅之旁休息，既而鱼贯入会场。及三点，大会开始，王洪文副主席宣布开会，奏哀乐共致默哀如仪。继之，邓小平副总理致悼词，历叙周总理毕生之重要斗争与功绩，并言我人宜如何学习周总理，化悲痛为力量，益坚奋斗。至此会毕，到会者循序在正中周总理相片与骨灰盒前徐徐经过，然后出会场。到家时将四点。

至善亦参加追悼会,彼列入团中央之行列,其出版社有两个名额,彼与另一同志被派前往。彼于一点光景即到会场,排齐立候,及散会,五点以后方到家。

兀真小沫各于其厂中参加追悼会。此盖统一之布置,各厂咸于下午三点开会。

今日报载,十二日至十四日,三日间入劳动人民文化宫吊唁之人凡四万有馀,其中包括外国各方面之人。而在文化宫以外,在整个天安门广场致哀泣下者,其数盖不可量矣。

## 1976年12月5日　星期日

《而已集》注释以今日上午看完，即寄与鲁迅著作编辑室。

至善至诚应金韵锵之邀，午间到其寓聚餐。

夜间合家围坐吃涮羊肉。小火炉居中，沸汤有声，殊有新鲜趣味。余吃羊肉最少。兀真则为不吃羊肉者。

## 1976年12月12日　星期日

晨与至善出外洗澡。归来未久，晓风来访，谈教部中近时运动之情形。既而湜华来，看余近时所写之字幅。留晓风共午饮，一点过乃去。

得至诚信，言一回南京即有任务，将于春节之前编成一本较大之戏，于是又将拼命矣。

## 1982年4月6日　星期二

《烹饪杂志》托王湜华写我家传与他家之"蛋肉"之做法，湜华起草千馀字，交我看之。今日为之修改，共费二小时有馀。"蛋肉"系叔母传来，我母习之，手段甚佳。叔母姓钱，木渎镇人。由我家又传与伯祥家。

## 1982年4月20日　星期二

上午雨不小，为今春所仅有，庭院树木，均得洗濯干净。张人希陈淑潘冒雨来，陈偕其妻与子，又在室内合影若干幅，取弘一之印存而去。

续作昨文，至傍晚而完篇，全篇约二千五百字，近今所为文，皆至善起草而余润色之，唯此篇几乎全由余自作。自作颇感吃力，此篇连作四日始完成也。

## 1982年5月29日　星期六

上午八点，科学童话讨论会开始。会场在旅舍之另一座楼中，系旧时德国人所建而保留下来者，颇有古趣。至善先说开幕辞。余继之，讲一点又十分钟。信口而谈，希望到会者听了就算，不必写成记录，载于刊物。余谈毕先退归宿舍，尚不觉吃力。

下午三点，向写作研究会山东分会之到烟台集会者作讲。他们就余之便，假会场于余所居二层楼之会议室，听者约六七十人。大学与师院之写作课仍是讲范文，仍须将学生之作文本精批细改，而作文或偏于文艺，余向不知此情形，至善先为余向与会者打听方知之。此皆不求实效，劳而无功之方法，向为余所反对者。乃据平日常说之意见婉言之，希望有所改变。谈一小时有半而止，复与全体与会者合影而散。

今日体温，晨卅六度五，午睡后及晚间皆卅六度三，可见说话劳累未影响及体温。上下午作讲，皆逾一小时，此为多年来所未有。

天气颇凉，加穿毛线衣。

## 1982年5月31日　星期一

晨起知下雨。烟台久不下雨，此是喜雨。今日余又加穿薄毛线裤。

烟台市今日开六一儿童节大会，会场在体育馆，到会儿童四千人。专署方面来邀参加，八点半后与至善同乘来迎之车而往。于休息室晤见多位领导同志，皆不记其姓名。与诸位言明不说话，得蒙同意。于是入会场。所有诸人之讲说，余第闻迴声，不明其语云何。下半段为体育表演，我们先退，返旅舍，时尚未到七点。

下午续改《燕子》毕，此篇有牵强处，不宜收入集子。

有副专员刘韶亭来访，谈约一刻钟。询以今日之雨量，谓他处有一二十毫米，市区不过五毫米而已，久旱得此，殊嫌其少。

今日体温，晨间卅五度八，午睡后卅六度一。

夜间余已入睡，有地区书记王济夫来访，至善与交谈。王言四九年我人到烟台，彼亲见之。